Wolfgang Zumdick

Das Geheimnis des Tauchbads

MAYER

Wolfgang Zumdick

Das Geheimnis des Tauchbads

Zur Geschichte
der abendländischen
Metaphysik
von Platon bis Beuys

»›Sagt mir Rabbi, was ist das Geheimnis des Tauchbads?‹ ›Wenn du so fragst, hast du dir gewiß schon selber eine Antwort gegeben und willst nur wissen, ob sie mir recht ist. Was meinst du also davon?‹ ›Da ihr es wollt, Rabbi, will ich sagen, was ich meine, aber eine Antwort ist es nicht. Ich meine nur: man geht hinab, und weiter hinab, und noch weiter hinab, und wenn man schon unten ist, beugt man sich erst richtig hinab, das ist alles was ich weiß.‹«[1]

1 Martin Buber, Gog und Magog. Eine Chronik, Gerlingen 1993[4].

Für Dagmar, Anna und Charlotte

Besonders danken möchten wir der
JOSEPH BEUYS-STIFTUNG, Basel,
für ihren Beitrag, der es ermöglichte,
diese Publikation in dieser Form
erscheinen zu lassen.
Ferner wurde dieses Werk unterstützt
durch die Gesellschaft zur Förderung
geisteswissenschaftlicher Literatur,
Stuttgart.

Inhalt

Pico della Mirandola

Schelling

Novalis

Steiner

Beuys

Anhang

Vorwort

Die philosophische Metaphysik stellte sich seit ihren Anfängen in der griechischen Philosophie die Frage nach dem, was »hinter den Dingen« steht. Platon hatte darauf eine Antwort gegeben, die selbstsicher und eindeutig war: Es gibt ein ewiges Reich göttlicher Gesetze und Ideen und nach denen richtet sich die Wirklichkeit. Der Demiurg, Platons Name für den göttlichen Handwerker, der sie ersann, hatte alles zum besten eingerichtet. Seine Welt des Geistes war vollkommen und der Kosmos, die Sternenwelt, nach göttlichen Gesetzen gebaut. Doch war dieser Gott nicht allmächtig. Er wurde durch eine zweite Kraft, ein widerstrebendes, eigenmächtiges Prinzip beschränkt. Zwei Kräfte trafen aufeinander, wie man sie widersprüchlicher nicht denken kann. Der Kosmos, Inbegriff einer vollkommenen göttlichen Ordnung traf auf das Chaos, den Urstoff, ein selbstgefälliges, gestaltloses Urprinzip. Als nun der Demiurg versuchte, aus dieser widerspenstigen Materie die Erde zu formen, ergab es sich, daß sie nur halb gelang.

Die menschliche Seele, eigentlich eine Geburt des Demiurgen, lebte unterdessen in der Welt des Kosmos und trug in sich einen göttlichen Keim. Irgendwann – wir wissen nicht wann und warum – vielleicht aus Neugier oder Eigenmächtigkeit – besann sie sich zur Erde hinabzusteigen und hier vereinte sich ihr göttlicher Seelenkern mit einer eigenmächtigen, dem Chaos zugeneigten Triebnatur. Seither ist die Seele des Menschen hin-

und hergerissen zwischen zwei widerstrebenden Welten, denn beide, Chaos und Kosmos, leben seit jener Zeit in ihr.

Platons Ursprungsmythos, der auf ältere Traditionsschichten der pythagoreischen Philosophie und der altpersisch-zoroastrischen Religion verweist, ist ein Grundmuster abendländischen Denkens, das in der Geschichte der europäischen Philosophie in vielen Variationen wiederkehrt. Wir begegnen ihm schon bei den christlichen Gnostikern, und es hat das abendländische Denken bis weit in die Neuzeit hinein maßgeblich bestimmt.

Das Geheimnis des Tauchbads, das in dieser kleinen Geschichte der abendländischen Metaphysik nicht ganz so unberührt wie in der chassidischen Geschichte von Gog und Magog bleibt, ist ein Buch über sieben Philosophen und Künstler, die, alle »Platoniker«, danach fragen, was »hinter den Dingen« steht. Es stellt die Metamorphose platonischer Ideen in sieben ausgewählten Kapiteln dar. Die ersten beiden der vorgestellten Denker, Platon und Plotin, leben noch in der Zeit der Blüte, beziehungsweise des Niedergangs der antiken Kultur. Die letzten vier – Schelling, Novalis, Steiner, Beuys – verarbeiten bereits mit mehr oder weniger großem zeitlichen Abstand die Erfahrungen der französischen Revolution. Dazwischen steht ein Philosoph, der einerseits noch tief im scholastischen Denken verwurzelt ist, andererseits durch seine Freiheitsphilosophie aber schon auf das moderne Denken verweist: Giovanni Pico della Mirandola.

Es ist daher eine »kleine« Geschichte der Metaphysik geworden, die nur für sich beanspruchen darf, eine höchst subjektive Auswahl zu sein. Andere Kombinationen wären denkbar: Aristoteles, Hegel, Nietzsche – mittelalterliche Denker wie Augustinus, Dionysius Areopagita, Meister Eckhart oder Nikolaus von Cues. *Das Geheimnis des Tauchbads* ist daher keine Philosophiegeschichte im engeren Sinn. Es erzählt Geschichten aus der Geschichte der Metaphysik.

Die sieben Stationen des Buches sind mithin nach einem sehr subjektiven Reiseplan ausgesucht. Dennoch ist keiner der Orte willkürlich gewählt. Sie folgen einem immanenten Reiseplan. Es wurde allerdings weitgehend darauf verzichtet, ihn vor den Augen des Lesers auszubreiten. Die Logik, der er folgt, wird sich von selbst verstehen. Es wurde vielmehr darauf geachtet, die einzelnen Philosophen und Künstler aus ihrem Denken, ihrer Sprache und ihrem Werk zu begreifen. So setzt sich das Buch aus sieben einzelnen Kapiteln zusammen, die jeweils auch für sich stehen können. Es ist nicht nötig, chronologisch vorzugehen – wer möchte, nimmt das, was ihn interessiert und legt das andere fort.

Vielen Personen, die mich während der Arbeit an diesem Buch begleiteten und unterstützten gebührt mein großer Dank. Allen voran Maja Oeri und Hans Bodenmann. Karlheinz Koinegg danke ich für die kritische Lektüre des Manuskripts und die entscheidenden Denkanstöße, die er ihm gab. Ich danke Walter Kugler und Allen Ruppersberg. Mein Dank gilt nicht zuletzt der Stiftung Laurenz-Haus, Basel und allen Beteiligten, deren großzügige Förderung und Unterstützung dieses Projekt erst ermöglicht hat.

Basel, im Juli 1998

Platon

Der platonische Dialog war gleichsam der Kahn, auf dem sich die schiffbrüchige ältere Poesie samt allen ihren Kindern rettete: auf einem engen Raum zusammengedrängt und dem einen Steuermann Sokrates ängstlich untertänig, fuhren sie jetzt in eine neue Welt hinein, die an dem phantastischen Bilde dieses Aufzuges sich nie satt sehen konnte.[2]

Ideen

Das abendländische Denken ist in so hohem Maße durch den Platonismus geprägt, daß der englische Mathematiker und Philosoph Alfred North Whitehead einmal sagte, die gesamte abendländische Philosophie sei eine Reihe von Anmerkungen zu Platon und zu dessen Philosophiebegriff.[3] Nicht nur die Patristik, also die Philosophie der Kirchenväter und die mittelalterliche Philosophie waren durch sein philosophisches Erbe geprägt, auch in der Neuzeit greifen unterschiedliche Philosophen immer wieder auf platonische Begründungsmuster zurück. Einer der Gründe für diese andauernde Aktualität dürfte vermutlich die Lösung eines Problems gewesen sein, das schon das Denken der vorsokratischen Philosophen beschäftigte und dem man in Variationen in der abendländischen Geistesgeschichte immer wieder begegnen kann.

Bereits Heraklit und Parmenides hatten sich intensiv der Frage von Zeit und Ewigkeit, Ruhe und Bewegung zugewandt. Wenn wir nach einer Begründung für ein

2 Friedrich Nietzsche, Die Geburt der Tragödie, 1872.
3 Vgl. Ulrich Boehm (Hrsg.), Philosophie Heute, Frankfurt/M. 1997.

ganz bestimmtes Phänomen fragen, so kommen wir, wenn wir die Ursachenreihen zurückverfolgen, an den Punkt, an dem die Frage nach der Erstursache entsteht. Heraklit war der Überzeugung, daß diese Suche nach einer ersten Ursache unser Denken auf eine falsche Fährte führt. Er sprach von der universellen Einheit aller Dinge, die ewig sei, keinen Anfang und kein Ende habe, die aber, und das mache ihr inneres Leben aus, in sich unterschieden sei. Das Eine, die kosmische Einheit, ist in sich selbst in eine Vielzahl von Gegensätzen geschieden, die sich gegenseitig bekämpfen, dadurch aber auch die Verwandlungen herbeiführen, durch die das Leben gekennzeichnet ist. Heraklit wendet sich mit dieser Idee gegen seinen philosophischen Gegenspieler Parmenides, dem im Gegensatz dazu die Welt als eine Welt der Ruhe erscheint. Parmenides sieht in den Erscheinungen nur das Bleibende, Sichselbstgleiche. Die Welt, so wie er sie sieht, steht still.

Platon versucht zwischen diesen beiden Positionen zu vermitteln. Wie können wir die Welt als eine Einheit denken, die zugleich bewegt und doch auch unbewegt ist? Wie lassen sich der Begriff der Zeit und der Begriff der Ewigkeit zusammendenken, so daß es dabei nicht zu den Verabsolutierungen der Vorsokratiker kommt? Mit Parmenides ist er der Überzeugung, daß allen Erscheinungen eine ewige und damit göttliche Substanz zugrundeliegt. Eine geistige Substanz von Bildern – Platon nennt sie Ideen –, die im Innern der Schöpfung ruht. Sie ist der schöpferische Ursprung der Erscheinungen und damit der Bewegung, die Platon dann wiederum im Anschluß an Heraklit und seinen Lehrer Sokrates dialektisch, und das heißt für ihn: als einen produktiven Widerstreit der Gegensätze, sieht. Die platonische Welt ist in einen parmenidischen Himmel und eine heraklitische Erde unterteilt. Dabei verhehlt Platon nicht, daß seine Vorliebe eher dem Himmel als der Erde gilt. Die Ideen sind der unveränderliche ewige Ursprung der Erscheinungen und alles Irdische nur ein mehr oder weniger gelungenes, in die Sphäre des Raumes und der Zeit versetztes Abbild von ihm. Eine Schattenwelt, in die es den Menschen mehr zu seinem Schaden als zu seinem Nutzen verschlug. Trotz dieser immer wieder kritisierten Haltung Platons, die zumindest tendenziell zu einer Negativierung des Lebens führt und dem christlichen Dualismus, der auf ihn folgt, ein wichtiges philosophisches Begründungsmuster gab, fasziniert die Gestalt des platonischen Kosmos, den er vor allem in seinen späteren Dialogen entwirft, nach wie vor.

Schweifend am Ufer des Meeres

Wir begegnen einem triadisch gegliederten Stufenbau, durch den die Welt in drei Sphären geschieden wird. Die erste, oberste dieser Sphären ist die Ideenwelt. Sie wird so genannt, weil hier nicht nur die geistigen Urformen der Erscheinungen liegen, sondern auch die strukturellen Gesetzmäßigkeiten, nach denen sie einander zugeordnet sind. Hier gründen die moralischen Maximen, die Ideen des Guten, des Schönen und des Gerechten, die nicht nur für das Handeln der Menschen, sondern auch für die Selbstbestimmung der Götter wichtig sind. Der Dialog *Phaidros*, in dem Platon dies beschreibt, erzählt wie von Zeit zu Zeit ein gewaltiger Zug der Götter den Himmelsbogen hinauffährt und dort Einblick in das ewige Reich der Ideen nimmt. Hier »[...] freuen sie sich, das Seiende wieder einmal zu erblicken, und nähren sich durch Beschauung des Wahren und lassen es sich wohlsein, bis der Umschwung sie wieder an die vorige Stelle zurückgebracht. In diesem Umlauf nun erblicken sie die Gerechtigkeit selbst, erblicken auch die Besonnenheit und die Wissenschaft [...] und wenn [ihre Seele] sich daran erquickt hat, taucht sie wieder in das Innere des Himmels und kehrt nach Hause zurück.«[4]

Auch die Handlungen der Götter bedürfen mithin der regulativen Kraft der Idee. Platons Erzählung deutet unmißverständlich auf den Schwellenschritt von einem vorphilosophisch-mythologischen zu einem streng rationalistischen Denken hin. Das mythologische Denken lebt in einer Vorstellungswelt, die die Kategorie der Vernunft nicht, oder besser gesagt, nur in prärationalistischen Formen kennt. Die Welt des Mythos darf noch widersprüchlich sein. Hier bedürfen die Götter noch nicht der Idee, die dann bei Platon zum Regulativ für das menschliche Handeln werden wird. Im homerischen Epos erscheinen die Götter noch affektgeleitet und widerspruchsvoll und dürfen wie die homerischen Helden noch jammern und weinen. Ein jammernder Gott aber hat in Platons rationalem Kosmos keinen Platz: »Wiederum also bitten wir den Homeros und die andern Dichter nicht zu dichten den Achilleus der Göttin Sohn,

4 Platon, Phaidros, 247 d/e. Die im Text angeführten Zitate folgen, sofern nicht anders vermerkt, der Übersetzung von Friedrich Schleiermacher im Rowohlt Verlag (Platon, Sämtliche Werke, Hamburg 1994). Die Seitenangaben folgen, wie allgemein üblich, der Platon-Ausgabe von Henricus Stephanus (Paris 1578) gemäß der Oxford-Ausgabe von I. Burnet.

›bald auf die Seiten darniedergelegt
und bald auf den Rücken,
Bald auf das Antlitz hin,
dann plötzlich empor sich erhebend,
Schweifend am Ufer des Meeres
des unermeßlichen‹,

noch auch

›Mit beiden Händen
des schwärzlichen Staubes ergreifend,
Überstreuend das Haupt‹,

noch auch sonst weinend und jammernd, wie jener ihn viel und mannigfaltig dargestellt hat [. . .] Und noch weit mehr als dies werden wir sie bitten uns die Götter nicht jammernd zu dichten, und sagend

›Weh mir Armen, o mir unglücklichen Heldenmutter.‹«[5]

Aus Platons Staat werden die Dichter, die uns mit den Affekten versöhnen, verbannt. Sie widersprechen seinem Ideal von Selbstdisziplin und Manneszucht. Auch haben Literatur und Kunst – sofern Platon sie akzeptiert – kein schmückendes Beiwerk zu sein, sondern sind in ihrer ethischen Funktion genau definiert. Die überkommenen epischen, dramatischen und lyrischen Formen entsprechen ebensowenig wie die mantischen Traditionen dem Rationalitätsbedürfnis der Zeit. Sie haben sich dem Vernunftprinzip zu beugen. Die attische Polis kann nur dann überleben, wenn ihre politischen, sozialen, kulturellen

5 Politeia, III, 388, a/c.

und religiösen Institutionen dem philosophischen Denken verpflichtet sind.

Dabei leugnet Platon die Bedeutung des Affektiven keineswegs. Im Phaidros-Mythos werden die Affekte ausdrücklich als Götter benannt und in seiner Seelenlehre nehmen sie eine wichtige, zwischen Stoff und Geist vermittelnde Position ein. Mut, Zorn, Eifer, Demut und die anderen Qualitäten, aus denen sich das olympische Pantheon zusammensetzt: Sie alle sind ewiger und damit göttlicher Natur. Aber sie dürfen nicht mehr unkontrolliert wie in den homerischen Epen erscheinen. Die »Vernunftseele« hat über die niederen Seelenteile, die »Mutseele« und die »Begierdenseele« gesiegt.

Befiederte Seelen

Der Dialog *Phaidros* beschreibt auch, welche Rolle dem Menschen im platonischen Kosmos zukommt. Denn nicht nur den Göttern, sondern auch ihm wird der Blick in die zeitlose Welt der Ideen gewährt. Auch er nimmt Teil an jenem Zug der göttlichen Seelen zum Himmel, wobei ihm jedoch eine eher untergeordnete Rolle zugedacht wird. Platon beschreibt, daß sich die Seele des Menschen, obgleich sie göttlicher Natur ist, nur mit Mühe zur Welt der Ideen erhebt. Die niederen Seelenteile, der *thymos* und das *epithymeticon*, die Mut- und die Begierdenseele, ziehen das *logisticon*, die Vernunftseele, die zur Welt der Ideen strebt, immer wieder hinab. Der Mensch steht vor dem Drama, daß sich bei ihm die Affekte mit den Begierden verbinden können, was bei einer göttlichen Seele unmöglich ist. Da die seelischen Eigenschaften wie Mut, Zorn und Stolz, aber auch

Freude, Zuneigung und Angst an sich wertneutral sind, können sie sich sowohl mit dem Hohen wie mit dem Niederen verbinden. Dies meint Platon wenn er davon spricht, daß das menschliche Seelengespann von einem guten und einem schlechten Seelenroß gezogen werde, wobei das gute Roß immer der Vernunftseele zu folgen geneigt sei, das schlechte aber bemüht auf die Begierdenseele zu hören und die Seele hinabzuziehen. Das eine sei »[...] von geradem Wuchse, leicht gegliedert, hochhalsig, mit gebogener Nase, weiß von Haar, schwarzäugig, ehrliebend mit Besonnenheit und Scham, und als wahrhafter Meinung freund wird es ohne Schläge nur durch Befehl und Worte gelenkt; das andere aber ist senkrückig, plump, schlecht gebaut, hartnäckig, kurzhalsig, mit aufgeworfener Nase, schwarz von Haut, glasäugig und rot unterlaufen, aller Wildheit und Starrsinnigkeit freund, rauh um die Ohren, taub, der Peitsche und dem Stachel kaum gehorchend.«[6]

Die menschliche Seele ist wie die Weltseele unsterblich. Sie wurde vom Demiurgen, Platons Bezeichnung für den obersten Weltenschöpfer, in einem einmaligen Schöpfungsakt geschaffen. Seither reisen die menschlichen Seelen in ganz bestimmten Zyklen (Platon spricht großzügig von zehntausend Jahren) von ihrem angestammten Ort im Fixsternhimmel durch die Planetensphären zur Erde hinab. Hier machen sie ihre irdischen Erfahrungen und bereiten durch ein mehr oder weniger trieb- oder vernunftbestimmtes Leben zugleich auch ihr Leben im Jenseits vor. Die Seelen, die sich zu sehr durch die Triebe bestimmen lassen, zieht es nach dem Tode nach unten zur Erde, sie gelangen in die »unterirdischen

6 Phaidros, 253 d/e.

Zuchtorte«[7] und kommen im Zweifelsfall wieder als Tiere oder Pflanzen zur Welt. »Dann kann auch eine menschliche Seele in ein tierisches Leben übergehen, und ein Tier, das ehedem Mensch war, wieder zum Menschen.«[8] Die anderen Seelen steigen mit den Göttern in die höheren Himmelssphären auf und, wie es im Phaidros-Mythos heißt, mit ihnen hinauf in die Ideenwelt.

Eidos und Hyle

Auch wenn man Platon nicht als Gnostiker[9] bezeichnen kann, wirken doch in seinem Denken zweifellos pythagoreische und gnostische Motive fort. So wird beispielsweise der Weltschöpfer von ihm keineswegs als ein allmächtiges Wesen gedacht. Wie die Phythagoreer setzt er die Existenz einer ewigen Urmaterie voraus, die dem Gestaltungswillen des Demiurgen[10] enge Grenzen setzt. Sie besitzt eine gewisse Eigengesetzmäßigkeit und ist wie bei den Gnostikern und Pythagoreern durch und durch negativ konnotiert.

Die Welt wird von Platon als ein polares Universum begriffen. An den Polen stehen die ewigen, unveränderlichen und unbewegten Prinzipien von Idee und Materie, *eidos* und *hyle*, von Stoff und von Form. Zwischen ihnen

7 Phaidros, 249 a.

8 Phaidros, 249 b. Man spürt hier pythagoreische Einflüsse und Einflüsse der östlichen Philosophie.

9 »Gnostiker« hier in einem systematischen, nicht in einem historischen Sinne verstanden.

10 »Demiurgos« heißt ursprünglich Handwerker und wird von Platon als Bezeichnung für den obersten Weltschöpfer verwand.

die bewegte Welt des Himmels und der Erde, der Götter und der Menschen, die von diesen Prinzipien ihre Bestimmung erhält. Geist, Seele und Stoff treffen sich auf der Erde in idealtypischer Form. Die Ideen wirken in der *hyle*, der Urmaterie als gestaltendes Geistprinzip. Ihre Hierarchie reicht von der Idee der unbelebten Stoffe über die Ideen der belebten Wesen bis hin zur Idee des Menschen, dem irdischen Repräsentanten des Ideen- und Geistprinzips. Die Seele wird in dieser Trias als Bewegungselement gedacht. So wie die Planeten sich um die in sich ruhende Erde bewegen, so bewegt die zur Erde hinabgestiegene Seele die materiellen Formen, die von den Ideen für sie vorbereitet sind. Die Seele zieht in die von der Idee gestaltete und ihr zugemessene materielle Hülle ein. »Alles, was Seele ist, waltet über alles Unbeseelte und durchzieht den ganzen Himmel, verschiedentlich in verschiedenen Gestalten sich zeigend. Die vollkommene nun und befiederte schwebt in den höheren Gegenden und waltet durch die ganze Welt; die entfiederte aber schwebt umher, bis sie auf ein Starres trifft, wo sie nun wohnhaft wird [und] einen erdigen Leib annimmt, der nun durch ihre Kraft sich selbst zu bewegen scheint [...].«[11]

Die Augen ganz voll Dunkelheit

Im siebenten Buche des *Staates* vergleicht Platon die Seelen, die noch nicht zur Schau der Ideen gekommen sind mit Bewohnern einer Höhle die dazu verdammt sind, immer nur Abbilder und Schatten der Dinge zu

11 Phaidros, 246 b/c.

sehen. Sie sind an Händen und Füßen gefesselt und ihr Blick richtet sich auf die dem Eingang gegenüberliegende Höhlenwand. In ihrem Rücken befindet sich eine etwa mannshohe Brüstung, hinter der ein Feuer brennt. Werden hinter ihr Dinge vorbeigetragen, die sie überragen – »Bildsäulen und andere steinerne und hölzerne Bilder« –, so werden deren Schatten auf die gegenüberliegende Höhlenwand projiziert. Die Höhlenbewohner, die nur die Schatten sehen und von weit aus der Höhle die Stimmen der Träger hören, glauben, daß die Schatten selbst sprechen und lebendige Wesen sind.

Platon schreibt, man solle sich vorstellen, einer der Höhlenbewohner werde von seinen Fesseln befreit. Man bringe ihn gegen seinen Willen an den Ort, an dem die Schattenbilder entstehen, und zwinge ihn in das Licht zu sehen. Seine Augen, so Platon, werden zunächst vom Feuer geblendet sein, und er wird nicht begreifen, was vor sich geht. Erst allmählich wird er sich an das hellere Licht gewöhnen und erkennen, was es mit dem Feuer auf sich hat. Damit aber nicht genug. Nachdem sich sein Auge an die Helligkeit der Flammen gewöhnt hat, wird er nun durch den Eingang der Höhle ans Tageslicht geschleppt. Ein zweitesmal wird er geblendet und nun stärker noch als zuvor. Einen Augenblick erblindet er durch die Fülle des Lichts, und erst allmählich wird er gewahr, was um ihn herum geschieht. »Gewöhnung also, meine ich, wird er nötig haben, um das Obere zu sehen. Und zuerst würde er Schatten am leichtesten erkennen, hernach die Bilder der Menschen und der anderen Dinge im Wasser, und dann erst sie selbst. Und hierauf würde er was am Himmel ist und den Himmel selbst leichter bei Nacht betrachten und in das Mond- und Sternenlicht sehen als bei Tage in die Sonne und in ihr Licht. [...] Zuletzt aber, denke ich, wird er auch die Sonne selbst, nicht Bilder von ihr im Wasser oder anderwärts, sondern sie als sie selbst an ihrer eigenen Stelle anzusehen und zu betrachten imstande sein. [...] Und dann wird er schon herausbringen von ihr, daß sie es ist, die alle Zeiten und Jahre schafft und alles ordnet in dem sichtbaren Raume und auch von dem, was sie dort sahen, gewissermaßen die Ursache ist.«[12]

Erfüllt vom Wissen über die wahrhafte Natur der Dinge kehrt er in die Höhle zurück. Platon beschreibt die dumpfe Atmosphäre, die ihn dort erwartet, jetzt, wo er an das Licht gewöhnt, wieder zurück in die trübe Welt der Höhle tritt. »Wenn ein solcher nun wieder hinunterstiege und sich auf denselben Schemel setzte: würden ihm nicht die Augen ganz voll Dunkelheit sein, da er so plötzlich von der Sonne herkommt? [...] Und wenn er wieder in der Begutachtung jener Schatten wetteifern sollte mit denen, die immer dort gefangen gewesen, während es ihm noch vor den Augen flimmert, ehe er sie wieder dazu einrichtet, und das möchte keine kleine Zeit seines Aufenthaltes dauern, würde man ihn nicht auslachen und von ihm sagen, er sei mit verdorbenen Augen von oben zurückgekommen und es lohne nicht, daß man auch nur versuche hinaufzukommen; sondern man müsse jeden, der sie lösen und hinaufbringen wollte, wenn man seiner nur habhaft werden und ihn umbringen könnte, auch wirklich umbringen?«[13]

Als Platons berühmteste Erzählung, hat das Höhlengleichnis bis heute viele Interpretationen gefunden. Aber

12 Politeia, VII, 516 a/b.
13 Politeia, VII, 516e/517a.

es ist in erster Linie natürlich ein Bild für Platons Philosophie. Schon die Hierarchie der Dinge, der die freigelassene Seele von den Erscheinungen der Höhle über die Begegnungen mit der Außenwelt bis hin zur Sonne begegnet, entspricht der Hierarchie der Ideen von ihren einfachsten materiellen Formen, – den »steinernen und hölzernen Bildern« – über die Naturformen bis hin zum Zentralgestirn der Sonne, dem Bild der Klarheit und vernunftbringenden Kraft. Die Befreiung der Seele von den Fesseln und der Zwang, der ausgeübt wird, sie ans Licht zu ziehen, entsprechen der Anstrengung, die in der Befolgung des ethischen Imperativs liegt. Die Schwierigkeit, das Rechte zu erkennen und ihm folgend zu handeln, ist ein Problem, dem man in vielen Diskursen Platons begegnen kann. So wie sich die Augen erst allmählich an den Schein des Feuers und an das Licht der Sonne gewöhnen, so bedarf es der Ausdauer und der tätigen Ausbildung des diskursiven Denkens, um zu sehen wie sich das menschliche Handeln nach seinem geistigen Ursprung, der Idee des Guten, sehnt. »[...] was ich wenigstens sehe, das sehe ich so, daß zuletzt unter allem Erkennbaren und nur mit Mühe die Idee des Guten erblickt wird, wenn man sie aber erblickt hat, sie auch gleich dafür anerkannt wird, daß sie für alle die Ursache alles Richtigen und Schönen ist, im Sichtbaren das Licht und die Sonne, von der dieses abhängt, erzeugend, im Erkennbaren aber sie allein als Herrscherin Wahrheit und Vernunft hervorbringend, und daß also diese sehen muß, wer vernünftig handeln will, es sei nun in eigenen oder in öffentlichen Angelegenheiten.«[14]

Es ist also weniger die Wahrnehmung der sinnlichen

14 Politeia, VII, 517b/c.

Dinge, die für die philosophische Erkenntnis von Bedeutung ist. Die Sinneswelt wird im Höhlengleichnis als eine trügerische Welt beschrieben, als ein *eidolon* eine Schattenwelt, deren wahrhafter Ursprung zunächst unerkannt bleibt. Werden im Höhlengleichnis die tradierten Anschauungsformen mit der Wahrnehmung von Schatten verglichen, so nicht, weil sie für Platon keine Wirklichkeit hätten, sondern weil das konstitutive Prinzip, das sie hervorbringt, das Denken, nicht wahrgenommen wird. Das gilt für die Anschauung der körperlichen Dinge in gleicher Weise, wie es für menschliche Handlungen gilt. Eine Handlung, die egoistischen Zwecken dient, ist nur eine scheinhafte Handlung. Von der Idee des Guten und der Gerechtigkeit geleitet wird sie zu einer Handlung mit objektiver Gültigkeit.

Die Erde ist der Raum, in dem sich die ewige Wesenheit der Idee mit den dunklen, chtonischen Mächten der Urmaterie vereint. Sie wird zu einer Höhle und zu einem Gefängnis, einem Bild, dem man bei Platon auch in anderen Zusammenhängen begegnen kann. »Solange wir mit dem Körper behaftet sind und unsere Seele mit diesem Übel verwachsen ist, werden wir niemals im vollen Maß erreichen, wonach wir streben, die Wahrheit. Denn tausenderlei Unruhe verursacht uns der Körper schon durch die notwendige Sorge für die Ernährung, ferner erfüllt er uns mit allerlei Liebesverlangen, mit Begierden und Ängsten und allerhand Einbildungen und vielerlei Tand. Kurz, er versetzt uns in einen Zustand, in dem man sozusagen gar nicht recht zur Besinnung kommt. Denn auch Kriege, Aufruhr und Schlachten sind eine Folge des Körpers und seiner Begierden. Denn um den Erwerb von Hab und Gut handelt es sich bei der Entstehung aller Kriege. Hab und Gut aber sehen wir uns gezwungen zu erwerben um des Körpers willen, dessen Ansprüche befriedigt sein wollen.«[15]

Sich von diesen Forderungen, die »der Körper« an uns stellt, nicht bestimmen zu lassen, sondern über sie zu gebieten, ist das Hauptgebot platonischer Vernunft. Dies gilt für ihre subjektive, wie für ihre objektive Form. An seinem Lehrer Sokrates hatte Platon lernen können, in welcher Form das philosophische Denken auf die Belange des Staates bezogen war. Er selbst widmet der Theorie des Staates sein Hauptwerk. Platon war ein durch und durch politischer Denker, aber was ihn von den modernen Staatstheoretikern unterscheidet, ist, daß seine Staatstheorie auf dem Fundament der Metaphysik ruht. Es sind die Ideen des Guten und der Gerechtigkeit, auf denen das Universum errichtet ist. Und auf der Ordnung des Geistes ist auch das platonische Staatsgebäude erbaut.

Sizilien

Wie schon im Falle von Sokrates waren es auch bei Platon einflußreiche politische Kreise, die seine Idee eines von der Vernunft regierten Staates mit Argwohn betrachteten. Jener war im Jahre 399 angeblich wegen Verhetzung der Jugend und Einführung neuer Götter, in Wahrheit aber wegen seines Einflusses auf wichtige politische Kreise in Athen von einem attischen Tribunal zum Tode verurteilt worden.

15 Zitiert nach Johannes Hirschberger, Geschichte der Philosophie, Band I, Freiburg 1976, S. 116.

Auch Platon entgeht nur knapp dem Tod. Zum Abschluß seiner ersten sizilianischen Reise (wohl im Jahre 387), während der er vermutlich als Berater des sizilianischen Herrschers Dionysios I. fungiert, wird er durch eine Intrige eben jenes Dionysios nicht nach Athen eingeschifft, sondern nach Ägina, das sich gerade zu dieser Zeit mit Athen im Krieg befindet. Nach Kriegsrecht wird er festgenommen, und man entscheidet, nachdem man den Plan, ihn zu töten, fallengelassen hat, ihn in die Sklaverei zu verkaufen. Er wird als Sklave auf dem Markt von Ägina zum Verkauf angeboten und nur einer glücklichen Fügung ist es zu danken, daß er dort von Annikeris, einem Sokratiker der kyrenaischen Schule, wiedererkannt und freigekauft wird. Nach Athen zurückgekehrt, erwirbt Platon einen Garten in der Nähe eines Heiligtums des Heros Akademos und gründet dort im Jahre 387 die platonische Akademie. Noch zweimal läßt er sich nach Dionysios' Tod zu politischen Experimenten auf Sizilien verleiten, und auch sie enden, mehr noch als bei der ersten sizilianischen Reise, in einem Fiasko.

Auch wenn es Platon kaum darum gegangen sein wird, die in der *Politeia* entwickelten Grundsätze in allen Einzelheiten zu verwirklichen, so scheint er doch in das sizilianische Engagement große Hoffnungen gesetzt zu haben. Das Chaos, das während seiner letzten zwanzig Lebensjahre in Sizilien tobt und das völlige Zerwürfnis mit dem Freund Dion, einem glühenden Anhänger seiner Staatstheorie, der in den sizilianischen Wirren zum Despoten wird, dürfte ihm jedoch gezeigt haben, daß die Materie sehr viel träger ist, als er bei aller realistischen Einschätzung der menschlichen Psyche gedacht hatte.

Musenbasis von Mantineia.
Mitte 4. Jh. v. Chr.
Athen, Nationalmuseum

Vorzüge der Sinnlichkeit

Platon beschreibt die Erde allerdings keineswegs ausschließlich als ein Schattenreich, sondern erweist sich als attischer Bürger durchaus vertraut mit den Vorzügen der Sinnlichkeit. In dem Dialog *Symposion* läßt er die Priesterin eines Apollon-Heiligtums auftreten, die den jungen, in Liebesdingen unerfahrenen Sokrates in die spirituellen Geheimnisse des Eros und der Schönheit einweihen will. »Wer den rechten Weg der Erotik gehen will, der muß als junger Mensch beginnen, sich schönen Leibern zuzuwenden und zuerst, wenn ihn sein Führer recht führt, einen Leib unter ihnen lieben und in ihm schöne Gedanken zeugen, dann aber bemerken, daß die auf einem Leibe ruhende Schönheit der auf einem anderen verschwistert ist und daß es, wenn man dem auf der Erscheinung ruhenden Schönen nachgehen soll, ganz widersinnig ist, die Schönheit auf allen Körpern nicht für eine und dieselbe zu halten. Hat er das eingesehen, so muß er ein Liebhaber aller schönen Leiber werden, und die Spannung der Leidenschaft für den einen muß nachlassen, weil diese ihm gering und kleinlich erscheint. Danach wird er die Schönheit in den Seelen für wertvoller als die am Körper halten. Wenn daher einer an Seele wohlgebildet ist und auch nur geringe körperliche Blüte besitzt, so wird es ihm schon genügen, ihn zu lieben, für ihn zu sorgen und solche Gedanken in ihm zu erzeugen und zu suchen, die die jungen Menschen bessermachen.

Daraufhin wird er gezwungen, das Schöne in den menschlichen Tätigkeiten und Gesetzen zu schauen und zu erkennen, daß dies Schöne alles untereinander verwandt ist. Von den Tätigkeiten muß man ihn zu den wissenschaftlichen Erkenntnissen führen, auf daß er auch ihre Schönheit sehe. Da er nun schon auf eine ganze Fülle des Schönen blickt, so darf er ihm nicht mehr gemein und engherzig bei einem wie ein Sklave aufwarten, indem er die Schönheit eines Knaben, eines Mannes oder einer Tätigkeit verehrt, nein, zum weiten Meer des Schönen hingewendet und dorthin schauend, soll er viele schöne, erhabene Worte und Gedanken zeugen in unerschöpflichem philosophischen Streben, auf daß er dann, gekräftigt und gewachsen, eine einzige Erkenntnis wahrnimmt, die eines Schönen folgender Art [...] Plötzlich wird er etwas erblicken, wunderbar schön an Wesen, eben jenes, um dessen Willen eigentlich alle die vorhergehenden Plagen waren: ewig ist es, nicht werdend und vergehend, nicht wachsend und nicht abnehmend [...] sondern ganz für sich selbst und mit sich selbst [...] Alles andere Schöne hat an jenem in gewisser Weise Anteil, aber so, daß, während dies andere entsteht und vergeht, jenes um nichts mehr oder minder wird, noch überhaupt ihm irgend etwas widerfährt. – Wer so von den Dingen hier durch den richtigen männlichen Eros emporsteigend jenes Schöne an sich zu schauen beginnt, der dürfte wohl schlechthin an das Ziel rühren.«[16]

Tod und Leben

Wie schon im Höhlengleichnis wird auch in Diotimas Rede der Weg zur Erkenntnis als ein Prozeß beschrieben, der nicht nur erkenntnistheoretischer, sondern auch le-

16 Zitiert nach Walther Kranz, Die Griechische Philosophie, Basel o. J., S. 175 ff.

benspraktischer Natur sein muß. Platons Schönheitsbegriff ist von einer formalen Ästhetik weit entfernt. Ebenso wie er eine Kunst ablehnt, die nur abbildet ohne zu läutern, so hat für ihn der Schönheitsbegriff eine weit über die künstlerische Diskussion hinausgehende Dimension. Wer einen Sinn dafür entwickelt, kann die Schönheit in den disparatesten Dingen sehen – er sieht ein »Meer von Schönheit«, in den Wissenschaften, den Gesetzen, der menschlichen Seele, dem Staat.

Die Idee der Schönheit ist eine uns eingeborene Idee. Eine *idea innata* wie es dann im Mittelalter heißen wird. Sehen wir etwas Schönes, so erinnert sich die Vernunftseele an die Zeit, in der sie mit ihr verbunden war. Diese Erinnerung aber ist in einem hohem Grade verblaßt. »Denn die hiesigen Abbilder der Gerechtigkeit, Besonnenheit, und was sonst noch den Seelen köstlich ist, haben keinen Glanz, und nur wenige erkennen [...] des Abgebildeten Geschlecht.«[17] Wahre Ideenerkenntnis kommt der menschlichen Seele eigentlich nur in einem »leibfreien« Zustand zu.[18] Die Wahrheit schaut sie erst nach dem Tod, weshalb der wahre Philosoph, wie es im *Phaidon* heißt, »nach gar nichts anderm strebt als nur zu sterben und tot zu sein«.[19] Ein philosophisches Leben dient ebenso wie Diotimas Ideenschau dem Zweck, dem Jenseits schon im Leben nahe zu sein. Auch Sokrates und Platon kehren, wie vor ihnen schon die Pythagoreer, die Bedeutungsebene der Begriffe von Leben und Tod um. Das Leben ist der Tod, und im Tod begegnet uns das eigentliche Leben.

17 Phaidros, 250 b. [Übersetzung vom Autor bearbeitet.]
18 Phaidon, 66 d/e.
19 Phaidon, 117, 64 a.

Der Aufstieg der Seele zur Erkenntnis des Schönen ist daher auch ein Aufstieg in die Todeswelt. Er gleicht dem Weg des Orpheus, doch hier geht es nicht mehr hinab in den Hades, sondern hinauf in den transzendenten Ideenbereich. Während Orpheus mit seiner Leier in die Welt der Dike und der Eury-Dike steigt, um sie mit seinem Gesang von ihrem Schattendasein zu erlösen, steigt Apollos Priesterin in eine Zone des Todes hinauf, die das »allerseligste Geheimnis« birgt. »Die Schönheit aber war damals glänzend zu schauen, als mit dem seligen Chore wir dem Jupiter, andere einem andern Gotte folgend, des herrlichsten Anblicks und Schauspiels genossen und in ein Geheimnis geweiht waren, welches man wohl das Allerseligste nennen kann.«[20]

Schönheit ist für Platon ebenso wie das Gute und die Gerechtigkeit eine weltbildende Kategorie. Daß sie den Welterscheinungen innewohnt und die Welt maßvoll geordnet ist, ist für ihn evident. Die Gestirne und die anderen Himmelskörper bewegen sich in regelmäßigen, mathematischen Bahnen. Die Natur ist nach den Gesetzen der Schönheit und Vollkommenheit gebaut. Lediglich den menschlichen Verhältnissen haftet jene Unordnung an, die auf die spezifische Spannungssituation der menschlichen Seele zurückzuführen ist. Die Schau der ewigen Ordnungen dient dazu, diese Unordnung zu beseitigen. Wer das Schöne kennt, begreift, wo der Ursprung des Häßlichen zu suchen ist.

20 Phaidros, 250 b/c.

Mit Wolle bekränzt

Wer aber kann das Schöne wirklich kennen? Wir würden sagen: der Künstler. Bei Platon jedoch kommt die wahrhafte Erkenntnis des Schönen nur dem Philosophen zu. Das Schöne wurde vom obersten Schöpfer, bevor es sich in seiner Vielgestaltigkeit zeigte, in einer reinen Form erdacht. Diese Objektivität vollzieht das subjektive Denken in der Ideenschau nach. Wer hingegen die Schönheit nur in ihren objektivierten Formen wahrnehmen kann, erlebt nur den Abglanz des Numinosen, nicht das Numinose selbst. Er befindet sich noch in der Höhle und hat sich nicht von den Fesseln der Sinnlichkeit befreit. Als Künstler mag er das Leben perfekt abbilden und dennoch produziert er nach Platons Meinung nur ein *eidolon*, eine Ideologie, einen Schein. Wahre Künstlerschaft gesteht Platon eigentlich nur dem Philosophen zu. Nur er ist in der Lage das Schöne zu denken, was ihn – zumindest partiell – dem Schöpfer ähnlich macht. Der abbildende Künstler ist allenfalls ein Handwerker, und das, was er betreibt, ist Reproduktion. Der Philosoph hingegen ist Gestalter: Er organisiert die widerstrebende Realität nach dem Idealitäts- und dem Vernunftprinzip.

Die Ratio durchdringt bei Platon also auch den ästhetischen Bereich. Eine Kunst, die nicht dem Vernunftprinzip verpflichtet ist, ist für ihn keine Kunst. Oder besser gesagt, sie verdirbt die um Tugend bemühten Menschen und man läßt sie besser erst gar nicht zu den Toren des idealen Staates hinein. »Wenn also ein Mann, der infolge seiner Geschicklichkeit sich vielgestaltig zeigen und alle Dinge nachahmen kann, zu uns in den Staat käme und uns seine Dichtungen vorführen wollte, würden wir ihm, wie es scheint, kniefällig Verehrung bezeigen müssen als einem heiligen, wunderbaren und freudebringenden Mann, würden ihm aber sagen, daß es einen solchen Mann bei uns im Staat nicht gibt und auch nicht geben dürfe, würden ihm ausgiebig das Haupt salben und mit Wolle bekränzen, ihn dann aber in eine andere Stadt geleiten, uns selbst jedoch zu unserem Nutzen mit dem strengeren und minder anmutigen Dichter und Fabelerzähler begnügen, der uns des tüchtigen Mannes Ausdrucksweise nachahmt und, was er sagt, in jenen Grundzügen hält, die wir schon anfangs vorgeschrieben haben, als wir uns daran machten, die Krieger zu erziehen.«[21]

21 Politeia, Buch III, 397 e; 398 a/b. Zitiert nach: J. Krueger (Hrsg.), Ästhetik der Antike, Berlin und Weimar 1989, S. 94.

Plotin

Eins und Alles

Im Grenzenlosen sich zu finden,
Wird gern der Einzelne verschwinden
Da löst sich aller Überdruß;
Statt heißem Wünschen, wildem Wollen,
Statt läst'gem Fordern, strengem Sollen,
Sich aufzugeben ist Genuß.[22]

Ein Mann, der sich schämt im Leibe zu sein

Plotin war, wie der Chronist und Herausgeber seiner Schriften Porphyrios berichtet, »die Art von Mann, die sich dessen schämt, im Leibe zu sein«.[23] Vermutlich im Jahre 205 in Lykopolis in Ägypten geboren – seine Herkunft ist, da er sie geheimhielt, unbekannt – wendet er sich im 28. Lebensjahr der Philosophie zu und wird in Alexandria Schüler des Neuplatonikers Ammonios Sakkas, dessen Lehre nicht schriftlich überliefert ist. Nach zehnjähriger Schülerschaft schließt er sich, um im Osten die persische und indische Philosophie kennenzulernen, dem Feldzug des römischen Kaisers Gordianus gegen die Perser an. Nach dem Scheitern des Unternehmens und der Ermordung Gordians im Feldlager begibt er sich im Jahre 244 nach Antiochia und noch im gleichen Jahr

22 Goethe, Sämtliche Werke 2, Frankfurt/M. 1988, 494 f.
23 Porphyrios, Über Plotins Leben und über die Ordnung seiner Schriften. Zitiert nach Plotin, Ausgewählte Schriften. In der Übersetzung von Richard Harder, teilweise überarbeitet von Willy Theiler und Rudolf Beutler, hrsg. von Walter Marg, Stuttgart 1973, S. 6. Die folgenden Textstellen aus den verschiedenen Schriften Plotins folgen demselben Band.

nach Rom, wo er mit seiner philosophischen Lehrtätigkeit beginnt. Wie viele zeitgenössische Denker der platonischen und pythagoreischen Schule überliefert er sein Denken zunächst nur einem engen Schülerkreis, und erst nach zehn Jahren kommt es zu den ersten schriftlichen Aufzeichnungen, deren Publikation er zu Lebzeiten jedoch beharrlich ablehnt. Nach fünfundzwanzigjähriger Lehrtätigkeit zieht Plotin sich im Jahre 269 wegen einer schweren Erkrankung auf das Gut eines verstorbenen Freundes in Campanien zurück, wo er im darauffolgenden Jahr stirbt. Erst nach seinem Tode veröffentlicht Porphyrios Plotins Vortrags- und Vorlesungsmanuskripte, von ihm *Enneaden*[24] genannt, die einzige im Original vorhandene Quelle, die über Plotins Denken erhalten ist.

Vater der Mystik

Wer Plotins Schriften aufschlägt, spürt sogleich, daß sie ganz dem platonischen Denken verpflichtet sind. Er erweist sich als ausgezeichneter Kenner Platons und setzt die Kenntnis der platonischen Schriften bei den Zuhörern seiner Vorlesungen offensichtlich voraus. Seine Seelenlehre fußt ganz auf der platonischen Tradition und zuweilen werden entsprechende Textstellen aus dem *Phaidros*, dem *Staat* oder dem *Timaios* wortwörtlich adaptiert. Wieder wird die menschliche Seele in Analogie zur Weltseele beschrieben und wieder wird sie in die

24 Porphyrios gab die Schriften Plotins im Jahre 301 in sechs Gruppen von je neun Büchern (ennéa = griechisch neun) heraus.

Trias von Vernunft-, Mut- und Begierdenseele unterteilt. Auch bei Plotin übernimmt die Vernunftseele die Funktion des Wagenlenkers, wobei nun jedoch der Rationalismus Platons durch eine weitere, ins Mystische gehende Dimension erweitert wird.

Im Denken Plotins tritt jener Zug zum Innerweltlichen, der in den platonischen Dialogen noch weithin von der politischen Bedeutung überlagert worden war, nun deutlicher hervor. Platon war ein durch und durch politischer Denker und sein Denken praxisbezogen, Plotin kann die Vision des platonischen Staates allenfalls noch in der Idee eines mönchischen Ordens Gleichgesinnter sehen. Unter den veränderten Bedingungen der Herrschaft einer zentralistisch regierten Weltmacht hat Platons staatstheoretischer Entwurf nicht mehr den Stellenwert wie im überschaubaren Bereich griechischer Stadtstaaten ein halbes Jahrtausend zuvor.

So wird die objektive Vernunft Platons nun mehr und mehr in ein subjektives Heilsverlangen gewendet und das philosophische Denken zur Ausleuchtung innerweltlicher Bezüge gekehrt. Plotin wird durch diese esoterische Wende des Platonismus zu einem der wichtigsten Väter abendländischer Mystik, und sein Gottesbegriff beeinflußt nicht nur das Denken Meister Eckehards, Angelus Silesius' und Jakob Taulers, sondern wirkt in direkter Linie bis hin zu Hegel und Hölderlin, Schelling und Goethe fort.

Ein Gott, der nicht erscheint

Neu gegenüber der Philosophie Platons ist der Gedanke, daß der aus Geist-Seele und Körper bestehende Kosmos aus einer ersten Quelle emaniert, mit der er trotz seiner Entfernung von ihr in direkter Verbindung steht. Die Welt entspringt einem obersten schöpferischen Wesen, dem »Einen«, das weder im Sinne des hebräischen Schöpfergottes von außen in die Welt eingreift und sie lenkt, noch in einem pantheistischen Sinn als mystischer Weltkörper Gottes angesehen wird.

Das Eine Plotins ist ein negativer Gott, ein Gott, der nicht erscheint. Er ist »vor« und »über« allem Seienden, er ist das »Über-Seiende« und daher weder Geist noch Welt, weder Stoff noch Form. »Es ist also jenes Erste auch nicht Geist, sondern schon vor dem Geiste; denn der Geist ist etwas von den seienden Dingen; jenes aber ist nicht ein Etwas, sondern vor jeglichem; und auch kein Seiendes; denn das Seiende hat zur Form gleichsam die Form des Seienden, jenes aber ist auch ohne geistige Geformtheit. Da nämlich die Wesenheit des Einen die Erzeugerin aller Dinge ist, ist sie keines von ihnen. Sie ist also weder ein Etwas, noch ein Qualitatives, noch ein Quantitatives, weder Geist noch Seele; es ist kein Bewegtes und wiederum auch kein Ruhendes, nicht im Raum und nicht in der Zeit, sondern das Eingestaltige als solches; oder vielmehr ohne Gestalt, da es vor jeder Gestalt ist, vor Bewegung und vor Stillstand, denn die haften am Seienden und machen es zu einem Vielen.«[25]

Das Eine ist etwas, das vor allem Sein ist. Es ist etwas,

25 Plotin, Das Gute (das Eine). Enn. VI 9,3. Zitiert nach: Hirschberger, Geschichte der Philosophie I, 303.

das nicht ist, aber kein Nichts ist. Etwas, das Alles in sich trägt, ohne es zugleich zu sein. Alles hat teil an ihm, alles, was ist, ist Teil seines Wesens. »Stell dir eine Quelle vor, die keinen andern Ursprung hat, sich aber selber ganz den Strömen dargibt und dabei nicht verbraucht wird durch diese Ströme, sondern selber im Stillesein beharrt, die Ströme aber, die aus ihr entspringen, bleiben zunächst, ehe sie hierin und dorthin auseinanderfließen, noch eine Strecke beisammen, der einzelne weiß aber gewissermaßen schon, wohin er seine Wogen ergießen wird; oder einen gewaltigen Baum, dessen Lebenskraft den ganzen Baum durchläuft, sein Urgrund aber verharrt in sich und zerstreut sich nicht über das Ganze, da er gleichsam in der Wurzel seinen festen Sitz hat; so verleiht dieser Urgrund dem Baum sein ganzes Leben in all seiner vielfältigen Fülle, bleibt jedoch selbst an seiner Stelle, denn er ist nicht selber Vielheit, sondern Urgrund dieses vielfältigen Lebens.«[26]

Das Eine ist also nicht Nichts, sondern eine Quelle, aus der das Sein hervorströmt, und die doch wie das »Nichts« verborgen bleibt. Das Nicht-Sein als Nichts zu begreifen ist für Plotin unvorstellbar.[27] Das Eine ist Alles, aber in einem reinen, in sich verharrenden, ursprünglichen Ruhezustand. Es ist Sein in höchster Potenz, Gottes reine Liebe und Güte, der aus seiner nicht erscheinenden Fülle die Wesenheiten der Welt erschafft.

26 Plotin, Die Natur, die Betrachtung und das Eine. Enn. III 8 10,70. Die Textstellen werden im folgenden nach Porphyrios Enneaden-Ordnung zitiert. Die Ziffer nach dem Komma folgt der Kapitelzählung der ersten lateinischen Übersetzung von Marsilius Ficinus von 1492.

27 Vgl. ebd. III 8 10,74.

Der Einheitsgedanke Plotins entspringt dabei vermutlich der Abwehr einer starken zeitgenössischen Geistesströmung, der Gnosis, die sich schon früh mit dem christlichen Glauben verband. Allen gnostischen Richtungen gemeinsam war die dualistische Vorstellung einer dämonisch-bösen Welt und eines fernen, unbekannten, transzendenten Gottes, zu dem der Seelenkern des Menschen, sein *Pneuma*, nur durch die Hilfestellung eines geeigneten spirituellen Führers wieder heraufgeführt werden kann.[28] Das Universum teilt sich in eine obere, göttlich-reine Sphäre des Lichts, in der ein guter Gott mit seinem Sohn, dem Logos, wohnt, und in das Reich eines zweiten Gottes, des Demiurgen, der den unteren Kosmos als eine Welt des Bösen schuf. Der menschliche Seelenkern, eigentlich zum ersten Gott gehörig, fiel in die Welt des Bösen hinab und kann sich nur aus ihr

28 Vgl. H. J. Krämer, Der Ursprung der Geistmetaphysik. Untersuchungen zur Geschichte des Platonismus zwischen Platon und Plotin, Amsterdam 1964. S. 223-263. Hier in Kürze einen Einblick in die vielen verschiedenen und differierenden gnostischen Schulen und Anschauungen zu geben ist nicht möglich. Gnostisches Gedankengut ist in vielen Formen in die christliche Religion eingesickert und in der Tat bieten sich diverse Textstellen in den Evangelien für eine gnostische Auslegung an. Besonders das Johannesevangelium, die Johannesapokalypse sowie einige apokryphe Evangelien wie die Thomas- oder Johannesakten eignen sich zu einer gnostischen Interpretation und entspringen wohl auch gnostischem Gedankengut. Einen guten Überblick über die verschiedenen gnostischen Systeme und Anschauungen bietet B. Walker, Gnosis, München 1992². Vgl. auch: K. Rudolph, Die Gnosis. Wesen und Geschichte einer spätantiken Religion, Göttingen 1990³.

befreien wenn er sich der transzendenten Erkenntnis der Gnosis nicht verschließt.

Plotin wendet sich in scharfer Form gegen die Spekulationen der Gnostiker, deren Dualismus er auf ihre rationalistische Unfähigkeit und mangelnde philosophische Bildung zurückführt. Wie in einem Schauerroman werde die Welt dämonisiert und in grellen Gegensätzen von hell und dunkel, gut und böse dargestellt. Er begegnet dem mantischen Gebahren der Gnostiker mit dem rationalen Diskurs der altgriechisch-platonischen Philosophie und setzt ihrem Geisterglauben die Vorstellung eines geordneten Kosmos entgegen, der bis in die natürlichen Schöpfungen hinein dem Bilde Gottes vollkommen entspricht. »Es kann aber auch nicht zugegeben werden, daß der Kosmos schlecht geraten sei, weil es in ihm viel Widriges gibt. Denn es hieße ihm zu hohen Anspruch aufbürden, wollte man verlangen, daß er mit der geistigen Welt gleich sei und nicht bloß ein Abbild von ihr. Denn ein Abbild der oberen Welt, welches schöner wäre als dieser Kosmos, kann man sich nicht vorstellen. Welches andere Feuer wäre ein besseres Abbild des oberen Feuers als das irdische, oder welche andere Erde außer der unseren soll es nach der oberen noch geben?«[29]

Wie für Platon entspringt auch für Plotin die Schöpfung der Idee des Guten. Eine Idee des Bösen hat in seinem Kosmos keinen Platz. »Man darf im Bösen nichts andres sehen als etwas, dem es noch an größerer Einsicht fehlt.«[30] Er sieht eine gefährliche Entwicklung darin, wenn das Böse zu einer allgemeinen, weltbildenden Ka-

29 Gegen die Gnostiker, II 9 4,30 f.
30 II 9 13,126.

tegorie aufgewertet und verdinglicht wird. Menschliches Unvermögen wird dann nicht mehr auf eine rational begründbare Unfähigkeit zurückgeführt, sondern auf den Einfluß eines übermächtigen Prinzips, worin Plotin ganz im Sinne der attischen Aufklärung einen Rückfall in prärationale Zeiten sieht.[31]

So setzt er dem Dualismus der Gnostiker, der zu Aberglauben, Intoleranz und Dogmatismus neigt, die Idee der Apriorität des Guten entgegen, das von der obersten Sphäre des Geistes bis in die sinnliche Welt den ganzen Kosmos inspiriert.

Der zweite Gott

Das erste Wesen, das Gott schuf, ist der Geist, der göttliche *Nous*. Wie ein Kreis entfaltet er sich »und wurde Figur, Fläche, Peripherie und Zentrum nebst Radien«.[32] »Er steht dem Ur-Einen noch ganz nahe, ist ein Abbild von ihm, gleichsam der Blick, mit dem das Eine sich selbst schaut, oder in der Sprache der Mythologie: Er ist der zweite Gott, der Sohn Gottes, der vom ersten Gott gezeugt wurde.«[33] Er ist das Wesen, das wie ein Architekt die Skizze des Weltgebäudes entwirft. Auf ihn gehen alle Ideen, Normen Gesetze und Seinsstrukturen zurück, er ist der *kosmos noetos*, der »Überhimmel«, von dem in Platons *Phaidros* die Rede war. *Nous* meint also die geistigen Strukturen und Gesetze die das Weltganze bilden, sei es in einem logischen, ethischen oder ästhetischen

31 Vgl. II 9 14,131 ff.
32 Die Natur, die Betrachtung und das Eine, III 8 8,56.
33 Hirschberger I, S. 307.

Sinn. Er ist der Weltgeist, das Denken eines All-Wesens, das ebenso wie der Mensch aus Körper, Seele und Geist besteht. Der Weltgeist schafft und inspiriert die Weltseele und diese wiederum bringt als letzte Ableitung den sinnlichen Kosmos und die Natur hervor.

In der Schrift *Die Natur, die Betrachtung und das Eine* heißt es, daß die Natur *Theoria*, also Betrachtung, Anschauung sei. Die Natur schafft ihre Gestalten, indem sie sie schaut. »So wie die Mathematiker zeichnen, indem sie betrachten«, treten auch die natürlichen Formen in ihr Dasein ein. Durch die Weltseele inspiriert schafft die Natur durch reines Denken ihre Formen. Plotin weist darauf hin, daß man sich das Zustandekommen der Naturerscheinungen nicht als einen mechanischen Vorgang denken solle, nicht als einen handwerklichen Akt, durch den der Demiurg die Welterscheinungen schuf, sondern als das lebendig-imaginative Denken der Natur, die ganz ohne Zweck und aus reiner Gestaltungsfreude die Welterscheinungen schafft. »Wollte einer fragen, um wessentwillen sie schafft, und sie ließe sich herbei, auf die Frager zu hören und Rede zu stehen, so würde sie wohl antworten: ›Eigentlich gebührte sich's nicht zu fragen, sondern auch seinerseits schweigend zu verstehen, so wie ich schweige und nicht gewohnt bin zu reden. Und was denn zu verstehen? Daß das, was entsteht, ein von mir, der Schweigenden, Geschautes ist, ein Betrachtetes, das nach meiner Anlage entstand, und daß mir, die ich selber aus einer solchen Betrachtung entstand, die Anlage zum Schauen mitgegeben ist. Und mein Betrachten bringt das Betrachtete hervor, so wie die Mathematiker zeichnen, indem sie betrachten; und während ich freilich nicht zeichne, sondern nur betrachte, treten die Linien der Körper ins Dasein, gleichsam wie ein Niederschlag. Es steht um mich nicht anders als um meine Mutter und meine Erzeuger: auch sie entstammen einer Betrachtung, und so ging auch meine Geburt vonstatten, ohne daß jene irgend handelten, sondern da sie höhere Formkräfte sind und sich selber betrachten, dadurch bin ich erzeugt worden.«[34]

Von der Weltseele und dem Weltgeist inspiriert, bringt die Natur ihre Erscheinungen in einer Art von traumhaft-sicherem Denken hervor. Das Schauen der Natur ist *Theoria*. Aber erst in ihrer untersten, noch unbewußten, bilderschaffenden Form. Wie die Traumseele die Bilder des Traums, schafft der Naturgeist die Gestalten der Natur. Und so wie der Traum im Träumen nichts von sich weiß, sondern nur bilderschaffende Erzeugung ist, so weiß auch die Natur nichts von ihrem Tun. Sie ist die unterste Stufe des Geistes, unbewußte Imagination. »Will man ihr dabei ein gewisses Verständnis und Bewußtsein zugestehen, so jedenfalls nicht in dem Sinne, wie wir Bewußtsein und Verständnis bei anderen Wesen meinen, sondern wie wenn man das Bewußtsein des im Schlaf Befangenen mit dem des Wachen vergliche: sie kann ruhen, denn sie betrachtet das Schaubild ihrer selbst, welches ihr ersteht dadurch, daß sie in sich und bei sich selber verharrt, und dadurch, daß sie eben Schaubild ist. So ist ihr Betrachten lautlos; aber es ist auch ein wenig getrübt.[35]

So leitet Plotin die ganze Hierarchie des Seienden vom Geist bis zur Natur aus dem Denken ab. Natur ist die letzte Stufe des Geistes, aber sie ist noch Denken, bildhaftes Schauen, unbewußte Imagination. Sie wird nicht

34 III 8 4,18 ff.
35 III 8 4,22 f.

mechanisch verstanden, als Produkt, wie dies noch bei Platon in einem eher handwerklichen Sinne – »Demiurgos« heißt »Handwerker« – geschah, sondern als *dynamis*, eine lebendige, schöpferische Kraft. Auch Plotin denkt die Natur wie Platon als ein Abbild der oberen Sphären, als Ausdruck der in die Stoffe inkarnierten Ideenwelt. Aber während Platon ihre Schattenhaftigkeit betont und eher zu einer negativen Einschätzung neigt, wird sie bei Plotin eindeutig positiv bewertet und ihre Schönheit und Kreativität gelobt. Auch wird sie nicht wie in der biblischen Schöpfungsgeschichte als Werk begriffen, als ein Werkzeug das Gott zur Prüfung des Menschen schuf. Für Plotin ist die Natur selbst schon Geist und als solcher durch und durch von göttlichen Kräften beseelt. Wie Spinoza betont er die schaffende und schöpferische Seite der Natur, weshalb er neben jenem zu einer der maßgeblichen philosophischen Leitfiguren der Naturphilosophie der deutschen Klassik und Frühromantik werden kann.

Um den Chorführer geschart

Daß Plotin bestrebt ist, die ganze Schöpfung aus dem einen Prinzip des Guten abzuleiten, zeigt sich besonders auch dann, wenn man neben der Naturphilosophie auch seine Anthropologie betrachtet. Der Mensch wird nun ganz und gar von Gott aus gesehen und durch sein göttliches Wesen definiert. Plotin geht so weit, daß er die Trennung zwischen Gott und Mensch im Einen ganz aufhebt. Der Mensch ist in Gott und Gott ist im Menschen. Gott ist das Zentrum seiner Existenz. Seine Seele ist eine göttliche Seele, denn sie wird beständig durch das

Eine »gehalten« und inspiriert. Er ist ein Vernunftwesen, denn sein Denken gründet in Gott. Er ist ein gutes Wesen, denn seine Handlungen werden durch das Übergute des Einen inspiriert. Genaugenommen gibt es für Plotin keine wirklich schlechte Handlung. Denn alles Schlechte und Böse resultiert aus einem Mangel an Wissen und ist daher nur scheinhaft, hat keine tatsächliche Realität. Der Mensch gründet auf eine Weise in Gott, die schließlich auch seine Autonomie bedroht. Sein einziger Spielraum besteht darin, sich zwischen Wahrheit und Schein, Unwissen und Selbsterkenntnis zu entscheiden. Seine transzendentale Existenz im »Überguten« wird aber davon nicht berührt.

Das Wesen des Menschen gründet in einer seine Individualität weit übersteigenden Macht. Das verleiht ihm einerseits seine Stärke, schränkt ihn gleichzeitig aber auch ein: Er besitzt keine unabhängige Existenz von Gott. Wie das aller anderen Wesen gründet auch sein Selbst im Absoluten. Er kann sich selbst und die Welt nur verstehen, wenn er sie von Gott aus denkt. Er kann sich in ihr nur orientieren, wenn er versteht, daß alles Leben aus einer einzigen göttlichen Quelle fließt. Es gibt keine Fremdheit zwischen den Erscheinungen, alles ist durch Gott und in Gott ursprünglich miteinander verwandt. Ein Wesen, das sich aus dieser Alleinheit herausnimmt und versucht, sein Ego zu einer eigenen Welt auszubauen, muß scheitern. Die Hinwendung des Menschen zur Welt verbrieft seine Zugehörigkeit zu Gott und seine ethische Vollkommenheit.

In *Enneade* VI 9 verdeutlicht Plotin dies am Bild eines Chores und seines Chorführers. Das Eine, so heißt es, sei immer bei uns, wir aber seien bei ihm nur, wenn keine »Andersheit« mehr in uns sei. »Jenes verlangt nicht nach uns, daß es etwa um uns wäre, aber wir nach ihm, auf daß wir um es sind. Um es sind wir immer, aber wir blicken nicht immer auf es hin; so wie ein singender Reigen, um den Chorführer geschart, sich doch einmal umdrehen mag und damit aus der Schau herausgerät, wenn er sich aber nach innen zurückwendet, dann erst schön singt, und eigentlich um ihn geschart ist, so sind auch wir immer um Jenes (sonst würden wir uns gänzlich auflösen und nicht mehr existieren können), blicken aber nicht immer zu ihm hin; aber wenn wir zu ihm hinsehen, dann sind wir am Ziel und dürfen rasten und kreisen um es ohne Mißklang im wahrhaft gotterfüllten Reigen. Und bei diesem Reigen erschaut die Seele nun den Quell des Lebens und den Quell des Geistes, den Urgrund des Seienden, die Ursache des Guten, die Wurzel der Seele. [...] Denn wir sind nicht von ihm abgeschnitten oder gesondert, wenn auch das Leibeswesen sich eindrängt und uns zu sich gezerrt hat, sondern wir atmen und werden erhalten, nur indem Jenes nicht nur einmal dargereicht und sich dann abgewendet hat, sondern immerdar spendet, solange es ist, was es ist.«[36]

Unio mystica

Ursprung und Ziel der Erkenntnis gründen daher für Plotin in Gott. Wer sich in der *Henosis* (Plotins Begriff für die mystische Vereinigung mit dem Absoluten) mit ihm vereint, ist an die Quelle der Erkenntnis gelangt. Ihm erschließt sich das rationale Wesen des Kosmos und die Alleinheit der Seele, durch die alle Einzelwesen mitein-

36 Das Gute (das Eine), VI 9 8,59 ff.

ander verbunden sind. Die einzelnen Seelen sind Teil der Weltseele, und jede von ihnen ist daher auch mit allen anderen verwandt. »Das All hier vor uns ist ein einziges Lebewesen, das alle Lebewesen innerhalb seiner umschließt und eine einzige Seele für alle seine Teile hat, so weit sich nur ein Teil von ihm erstreckt [...] Von Sympathie durchzogen ist also diese ganze Einheit, sie ist wie ein Lebewesen eines, und auch das Ferne ist nahe [...].«[37]

Plotin beschreibt die *unio mystica* als eine Rückkehr in die Ureinheit, bei der alle Zweiheit, in die das Bewußtsein sich spaltete, von ihm gewichen ist. Sie ist reine, ungetrübte Schau des Einen und geht insofern noch über die platonische Ideenschau hinaus. Sie ist ein körperloser Zustand der Seele, in dem sie sich von allen Bindungen löst und in einem rein geistigen Zustand verweilt. »Immer wieder, wenn ich aus dem Leib aufwache in mich selbst, lasse ich das andre hinter mir und trete ein in mein Selbst; sehe eine wunderbar gewaltige Schönheit und vertraue in solchem Augenblick ganz eigentlich zum höheren Bereich zu gehören; verwirkliche höchstes Leben, bin in eins mit dem Göttlichen und auf seinem Fundament gegründet; denn ich bin gelangt zur höheren Wirksamkeit und habe meinen Stand errichtet hoch über allem, was sonst geistig ist.«[38]

So wie Platon versucht, das Offenbarungswissen in eine zeitgemäße, der Ratio zugängliche Form zu bringen, ist auch Plotin bestrebt, die religiöse Überlieferung Griechenlands philosophisch zu begründen. Er verweist

37 IV 4,32. Zitiert nach: W. Kranz, Die griechische Philosophie, a.a.O., S. 320 f.

38 Der Abstieg der Seele in die Leibeswelt, IV 8 1,1.

nicht nur immer wieder auf die Analogie zwischen Mysterientradition und der von ihm vollzogenen Geistesschau, sondern er sieht in der *Henosis* auch eine Parallele zu jener Offenbarungstradition, die einst in mythischer Zeit, die Kultur des Griechentums begründet hat. Man muß »von allem, was außen ist, sich zurückziehen und sich völlig in das Innere wenden, man darf keinem Äußeren mehr geneigt sein, sondern muß, das Wissen von all dem auslöschend, schon vorher in seiner eigenen Haltung, jetzt aber auch in den Gestalten des Denkens, auch das Wissen von sich selbst auslöschend, in die Schau [des Einen] eintreten; und ist man so mit jenem vereint und hat genug gleichsam Umgang mit ihm gepflogen, so möge man wiederkehren und, wenn man's vermag, auch andern von der Vereinigung mit jenem Kunde geben; in solcher Vereinigung stand vielleicht auch Minos, weshalb er in der Sage als ›des Zeus vertrauter Genosse‹ galt, und dieser Gemeinschaft gedenkend gab er als ihr Abbild seine Gesetze, durch die Berührung des Göttlichen befruchtet zur Gesetzgebung; oder man möge, hält man das Politische seiner nicht für würdig, oben verweilen, wenn man will – und das wird dessen Haltung sein, der viel geschaut hat.«[39]

Im Besitz der Schönheit

In *Enneade* I 6, »Das Schöne«, und *Enneade* V 8, »Die geistige Schönheit«, wendet Plotin sich der Idee der Schönheit zu. Hier findet man zunächst wieder die alte platonische Ordnung, nach der die verschiedenen Grade

39 Das Gute (das Eine), VI 9 7,51 f.

des Schönen – der schöne Körper, die schöne Seele, die schöne Wissenschaft – Schöpfungen der Idee des Schönen sind. Wie bei Platon entspringt die Erkenntnis des Schönen der Erinnerung an eine vorgeburtliche Schau und die Seele erkennt das Schöne nur, weil Schönheit ein Accidenz der Seele ist. »Wir behaupten nun, wenn die Seele das ist, was ihr wahres Wesen ist, und das heißt: auf der Seite der Wesenheit steht, die in der Welt die obere ist, so ist es das Verwandte oder auch nur die Spur des Verwandten, dessen Anblick sie erfreut und erschüttert; sie bezieht das auf sich selbst und erinnert sich ihres eigenen Wesens, dessen, was sie in sich trägt.« Aber während diese transzendentale Verbindung des Menschen zur Idee des Schönen für Platons Kunsttheorie seltsamerweise keine weitere Bedeutung besitzt, wird sie für Plotins Kunstphilosophie zur treibenden Kraft. In Platons Denken spielte die Kunst eine eher untergeordnete Rolle und wurde überdeckt durch seine Staatsphilosophie und Wissenschaftstheorie. Für Plotin steht sie gleichrangig neben Ethik, Metaphysik und Erkenntnistheorie. Er räumt der Kunst einen Stellenwert ein, den sie für Platon nicht besaß. Der Künstler wird neben der Natur zu einem gleichrangigen Schöpfer, ja die künstlerische Schöpfung geht als »schönere Schönheit«[40] sogar noch über die Naturschönheit hinaus. Plotin formuliert hier wohl als erster Platoniker die inneren Konsequenzen der Ideenlehre für das Kreativitätsprinzip.

In *Enneade* V 8 spricht er davon, daß der Künstler nur arbeiten könne, weil er »im Besitz der Schönheit« sei. Der Inspirationstopos, der in der griechischen und römi-

40 Zitiert nach: Udo Kultermann, Kleine Geschichte der Kunsttheorie, Darmstadt 1987, S. 34.

schen Literatur von hoher Bedeutung ist – man denke etwa an die *Theogonie* Hesiods, das homerische Epos oder die Eclogen Vergils – wird bei Plotin rationalistisch gedeutet und philosophisch geklärt. Nun sind es nicht mehr die Musen, die den Künstler inspirieren, sondern der Künstler ist Schöpfer, weil die schöpferische Kraft des Denkens selbst in ihm wirkt. »Sodann muß man wissen, daß die Künste das Geschehene nicht schlechtweg nachahmen, sondern sie steigen hinauf zu den rationalen Formen, aus denen die Natur kommt. Ferner schaffen die Künstler auch vieles aus sich selber, ja, wem etwas mangelt, dem fügen sie es hinzu, da sie im Besitz der Schönheit sind. So hat auch Phidias den Zeus nicht gebildet nach einem sinnlichen Vorbild, sondern indem er ihn so nahm, wie Zeus sich darstellen würde, ließe er sich herbei, vor unseren Augen zu erscheinen.«[41]

Plotin erkennt, daß die Kunst weit weniger auf einem nachahmenden Verfahren basiert, als Platon dies wahrhaben wollte. Im zehnten Buche des *Staates* hatte jener die Malerei noch unter dem Handwerk eingestuft[42] und den Künstler als Abbildner des Abbilds diffamiert. Der Maler ahmte die Natur nur nach, er war nicht, wie es bei Plotin jetzt heißt, im Besitz ihrer rationalen Kraft. Plotin hingegen betont, daß es der Kunst gar nicht erster Linie um Nachahmung gehe. Sie ist in einem viel höheren Maße bildend und gestaltend, als Platon es ihr in Verkennung der künstlerischen Arbeitsweise zugestand. Plotin erkennt die schöpferische Dimension der Kunst und damit die Parallelität, die zwischen der göttlichen und der menschlichen Schöpferkraft besteht. Der Kün-

41 Die geistige Schönheit, V 8 1,7 f.
42 Politeia, 595a–608a.

stler empfängt seine Inspirationen aus der Welt des Absoluten, und dadurch erhält das Werk seine auratische Kraft. Das geht so weit, daß der Künstler in der Lage ist, das authentische Bild eines Gottes zu formen, was seine Fähigkeit nicht nur göttlich macht, sondern sie auch weit über das Gestaltungspotential der Natur erhebt.[43]

Auch arbeitet Plotin deutlicher als Platon das Wechselverhältnis von Stoff und Form heraus. Was von jenem eher »mechanisch« als Abdruck einer gestaltbildenden Idee in eine zugrundeliegende Form gedacht wurde, wird nun durch den aristotelischen Teleologiegedanken dynamisiert. Für Aristoteles existiert die Idee nicht wie für Platon als eine unabhängige Entität, sondern nur in der Verbindung mit der *hyle*, dem ihr zugrundeliegenden Stoff. Die Idee verwirklicht sich, indem sie in der Materie wirkt. Die Verbindung beider wird nicht statisch wie bei Platon, nicht wie ein Fußabdruck der Idee im Sand der Materie gedacht, sondern als Metamorphose, als Aufbruch einer rudimentären Form hin zur Vollendung: Innere, in den Stoffen wirkende und wirksame Teleologie.

Für Plotin ist die in den Stoffen wirkende Schönheit wie wir sahen Emanation. Die Natur bildet, von der Weltseele und dem Weltgeist inspiriert, ihre Gestalten, wie die Traumseele den Traum. Sie ist unbewußt schaffendes Denken, unbewußte Imagination. Treten nun bei diesen von der Natur oder der Seele gebildeten Gestalten Unvollkommenheiten auf, so deshalb, weil sie von der

43 Von Michelangelo ist überliefert, daß er den Schöpfer des belvederischen Torso rühmte, weiser als die Natur zu sein. Vgl. »Neue Züricher Zeitung« vom 19. 2. 98, S. 41: Peter Schnyder, Urkunde des göttlichen Griechenlandes. Der Torso vom Belvedere in der Glyptothek München.

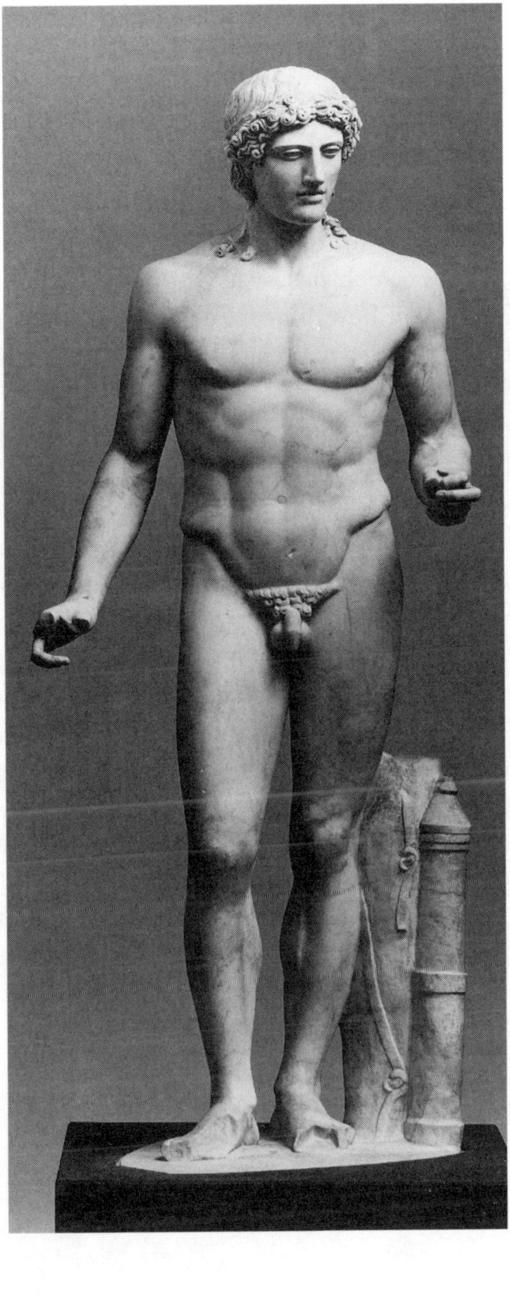

Statue des Apollon als Bogenschütze.
Römische Kopie eines Werkes des
Bildhauers Phidias um 450 v. Chr.

Form noch nicht vollkommen durchdrungen sind. Das Unvollkommene ist noch in *statu nascendi*, die Idee hat den Stoff noch nicht zur Vollkommenheit gebracht. »Denn alles Formlose ist bestimmt, Form und Gestalt anzunehmen; solange es daher keinen Teil hat an rationaler Form und Gestalt, ist es ausgeschlossen von der göttlichen Formkraft; das ist das schlechthin Häßliche; häßlich ist aber auch das, was von der Form und dem Begriff nicht voll bewältigt wird, weil die Materie eine gänzlich der Idee entsprechende Formung nicht zuließ.«[44]

Auch auf ästhetischem Boden sehen wir wieder, auf welche Weise Plotin den Gnostikern das Wasser abzugraben versucht. Das Häßliche, Böse, Gescheiterte, Unvollendete ist keineswegs Prinzip dieser Welt, sondern Ausdruck einer gewissen rationalen Lethargie und Unvollkommenheit. Mit Aristoteles macht sich Plotin auf gegen eine Ideologie, die das Böse verdinglicht und aus ihm ein Urprinzip formt, das nach Ansicht Plotins nur als Ideologie existiert. Er dynamisiert den Begriff des Häßlichen und sein moralisches Äquivalent, das Böse und begreift sie als Durchgangsstadien, in denen das Denken die Stoffe und die menschliche Seele sich selbst noch nicht völlig durchschaut hat.

44 Das Schöne, I 6 2,11.

Prästabilierte Harmonie

Plotin denkt das Schöne wie Platon als eine stufenweise Manifestation des Geistes. Vollkommenheit ist nur möglich, wenn das Einzelne dem Ganzen in vollkommener Weise entspricht. Die Idee der Schönheit gestaltet in den Stoffen als ihr oberstes Bauprinzip. Sie organisiert die Teile und gestaltet sie auf einen gemeinsamen Bauplan hin. »[...] das, was durch Zusammensetzung aus vielen Teilen zu einer Einheit werden soll, das ordnet sie zusammen, bringt es in ein einheitliches Gefüge und macht es mit sich eins und übereinstimmend, da ja sie selbst einheitlich und das Gestaltete, soweit es ihm, das aus Vielem besteht, möglich ist, auch einheitlich sein soll; ist es dann zur Einheit gebracht, so thront die Schönheit über ihm und teilt sich den Teilen so gut mit wie dem Ganzen; trifft aber die Idee auf ein Einheitliches, aus gleichartigen Teilen bestehendes, so teilt sie die Schönheit dem Ganzen mit; so als wenn die Schönheit bald, durch die Kunst, einem ganzen Hause mit seinen Teilen gegeben wird, bald, durch eine Naturkraft, einem einzelnen Stein.«[45]

Wie aber ist es möglich, daß die vielen disparaten Teile des Ganzen nicht auseinanderfallen? Warum ist das All ein Kosmos und kein Chaos? Weil, wie Plotin am Beispiel des Chores zeigte, alle Teile auf das Eine hingewendet sind. Das Eine wirkt so wie die Idee des Guten und die Schönheit bis in den kleinsten und entlegensten Teil des Ganzen hinab. Leibnitz wird später von der »prästabilierten Harmonie« sprechen, durch die das Einzelne mit dem Ganzen verbunden ist. Jedes Ein-

45 Ebd. I 6 2,12.

zelwesen ist im Besitz der Information des Ganzen und daher verhält es sich selbst als ein isoliertes Wesen im Sinne der Einheit. Bei Plotin ist diese prästabilierte Harmonie durch die dauernde Präsenz des Einen gegeben, um das sich die ganze Schöpfung wie um einen Chorführer gruppiert.

Verdunkelt und reichlich mit Tod durchsetzt

In § 4,19 wendet sich Plotin der Schönheit der Seele zu und fragt, was eine menschliche Seele zu einer schönen Seele macht. Was in den natürlichen Gestaltungen und im Kunstwerk in gewisser Weise von außen an den Stoff herangetragen wird, wird nun von innen betrachtet und geformt. Die Schönheit ist der Seele angeboren. Aber sie geht in den irdischen Zusammenhängen leicht verloren und wird in ihr Gegenteil gekehrt. Daher muß der Mensch zeitlebens an ihrer Vervollkommnung arbeiten, wie der Künstler an der Vollkommenheit seines Werkes. Wenn die Seele bei ihrer Wiedergeburt (auch Plotin ist Anhänger der Wiedergeburtslehre) in die Stoffeswelt eintaucht, wird sie »verdunkelt und reichlich mit Tod durchsetzt«[46].

Gegen diesen Tod muß sie sich wehren und sie tut dies, wenn sie sich selbst als eine Gestaltungsaufgabe begreift. »Kehre ein zu dir selbst und sieh dich an; und wenn du siehst, daß du noch nicht schön bist, so tu wie der Bildhauer, der von einer Büste, welche schön werden

46 Das Schöne, I 6 5,25.

soll, hier etwas fortmeißelt, hier etwas ebnet, dies glättet, das klärt, bis er das schöne Antlitz an der Büste vollbracht hat: so meißle auch du fort, was unnütz, und richte, was krumm ist, das Dunkle säubere und mach es hell, und laß nicht ab, ›an deinem Bild zu handwerken‹, bis dir hervorstrahlt der göttliche Glanz der Tugend, bis du die Zucht erblickst, ›thronend auf ihrem heiligreinen Postament.‹«[47]

Der Mensch kann sich nach dieser Idee der Schönheit formen, weil er seine ursprüngliche Reinheit, wie ein »anderes Gesicht« in sich trägt. Dieser Intuition des höheren Wesens in sich hat er zu folgen, wenn er die wahre Schönheit seines Selbst und die oberste Schönheit überhaupt erkennen will. Nur die schöne Seele kann die Urschönheit in ihrer Vollkommenheit schauen. Ist sie getrübt, so erkennt sie die welterhaltenden und weltgestaltenden Kräfte des Guten und des Schönen nicht. »Wer aber die Schau unternimmt mit einem durch Schlechtigkeit getrübten Auge, nicht gereinigt, oder kraftlos, der ist nicht Manns genug, das ganz helle zu sehen, und sieht auch dann nichts, wenn einer ihm das, was man sehen kann, als anwesend zeigt. Man muß nämlich das Sehende dem Gesehenen verwandt und ähnlich machen, wenn man sich auf die Schau richtet; kein Auge könnte je die Sonne sehen, wäre es nicht sonnenhaft; so sieht auch keine Seele das Schöne, welche nicht schön geworden ist. Es werde also zuerst einer ganz gottähnlich und ganz schön wer Gott und das Schöne schauen will. Dann wird er im Emporsteigen zuerst zum Geist gelangen und wird dort alle schönen Formen sehen

47 Ebd. I 6 9,41.

und sagen, das sei die Schönheit: die Ideen; denn durch sie ist alles schön, sie die Erzeugnisse des Geistes und der Seinsheit; die Wesenheit aber jenseits des Geistes nennen wir das Gute, und sie hat das Schöne wie eine Decke um sich.«[48]

48 Ebd. I 6 9,43 f.

Pico della Mirandola

Poliziano, Ficino,
della Mirandola

900 Thesen ...

Giovanni Pico wird im Jahre 1463 in Mirandola geboren. Er entstammt der Familie der Grafen von Mirandola und Concordia, Feudalherren über ein kleines Territorium im Norden Italiens. Schon früh erhält er eine umfassende Ausbildung in lateinischer und griechischer Sprache, wozu später Hebräisch und Arabisch kommen. Ein Umstand, der es ihm erlaubt, schon in jungen Jahren Texte der griechischen und römischen Klassiker, die bekanntesten arabischen Aristoteliker und die Schriften bedeutender jüdischer Mystiker im Original zu lesen. Mit vierzehn Jahren beginnt er in Bologna ein Studium der Rechtswissenschaft, bricht dieses aber zwei Jahre später zugunsten des Philosophiestudiums an der Universität von Ferrara ab. Mit achtzehn finden wir ihn in Padua, einem der Hauptzentren der scholastischen Philosophie, wo er sein Studium fortsetzt. In dieser Zeit lernt er Marsilio Ficino kennen, den Begründer der platonischen Akademie in Florenz, dem er ebenso wie dem Dichter Poliziano zeitlebens freundschaftlich eng verbunden bleibt. Trotz seiner Nähe zum Platonismus und Neuplatonismus steht er jedoch in einer gewissen Distanz zur Florentiner Akademie, in deren Überbetonung der Form und des Stils er einen Mangel an intellektueller Klarheit und Strenge sieht.[49]

49 Vgl. August Buck, Giovanni Pico della Mirandola und seine »Rede über die Würde des Menschen«. In: G. Pico della Mirandola, Über die Würde des Menschen, Hamburg 1990,

Im Jahre 1485 beschließt Pico nach Paris zu gehen, dem damaligen Zentrum der Scholastik und damit einem der Hauptangriffsziele jener florentinischen Akademiker, mit denen sich Pico doch auf der anderen Seite aufs engste verbunden fühlt. Hier lernt er die bis ins 13. Jahrhundert zurückreichende Tradition der Disputatio-

S. XV f. Außerdem: P. O. Kristeller, Acht Philosophen der italienischen Renaissance. Petrarca, Valla, Ficino, Pico, Pomponazzi, Telesio, Patrizi, Bruno. Übersetzt von Elisabeth Blum, Weinheim 1986, S. 50. Dora Baker beschreibt in ihrer kurzen Biographie Della Mirandolas die Atmosphäre, die im Kreise der Akademie herrschte: »Jährliche Feiern zu Platons Geburtstag am 7. November vereinigten die Brüder in Plato im Garten der Villa in Careggi, der eine genaue Abbildung des Akademos in Athen war. Nie vergass man, der Vorsehung zu danken, daß ein Mann wie Platon gelebt hatte. Vor seiner Büste brannte ein ›ewiges Licht‹. Die schönsten Stellen aus seinen Schriften wurden vorgelesen und Gaben in Form von schöpferischen Werken dargebracht. Oft wurde ein Thema im voraus bestimmt, darüber sprachen dann einzelne, vorbereitete Redner. Das schöne Sprechen gehörte noch zu den Künsten, die ein gebildeter Mensch beherrschen musste. Auf den Wänden des Versammlungssaales standen kurze Sätze, die auf die Ziele der ›fratres in Plato‹ hinwiesen: A bono in bonum omnia diriguntur (Vom Guten her wird alles zum Guten gelenkt) oder Laetus in praesens, neque censum extimes, neque appetas dignitatem (Froh in der Gegenwart, schätze weder Besitz noch begehre Würde) oder Fuge excessum, fuge negotia, laetus in praesens (Fliehe die Ausschweifung, fliehe die Geschäfte, sei froh in der Gegenwart). Der Versammlungssaal war gleichzeitig Ficinos Studierzimmer: seine Bibliothek befand sich darin. Auf einer der Wände war der Erdglobus abgebildet: darauf sah man den lachenden Demokrit und ihm gegenüber den weinenden Heraklit [...] Die Feierlichkeiten der Zusammenkünfte wurden durch Musik eingeleitet. (Ficino spielte die Leier mit meisterhaftem Können.) Er verlangte von den Akademikern an erster Stelle

nes kennen, die ihn besonders fasziniert. Die Disputation – deren Tradition in gewisser Weise bis heute an den französischen Hochschulen fortlebt – bestand darin, daß ein einzelner bestimmte Thesen zur Diskussion stellte und diese dann vor der akademischen Öffentlichkeit zu rechtfertigen suchte. Hier kam es mehr auf Schlagfertigkeit, intellektuelle Brillanz und geistesgegenwärtige Logik an als auf die Betonung der Form und des Stils, die in der Akademie Ficinos gepflegt wurde.

Höchstwahrscheinlich noch während seines neunmonatigen Aufenthaltes in Paris konzipiert Pico den Plan, seine eigenen philosophischen Überlegungen[50] in Form einer öffentlichen Disputation vorzustellen und zu verteidigen. Als Austragungsort wählt er Rom. In aller Eile verfaßt der inzwischen Dreiundzwanzigjährige ein Konvolut von sage und schreibe 900 Thesen und verschickt Einladungen an alle Universitäten Italiens, Spaniens, Frankreichs und Deutschlands: »Der Graf von Mirandola wird diese neunhundert Sätze, die der Dialektik, der Moralphilosophie, der Physik, der Mathematik, der Metaphysik und der Theologie, der Magie und der Kabbala entnommen sind und welche teils eigene Gedanken vertreten, teils aus den Schriften der weisen Chaldäer, Ara-

ein unbescholtenes, sittliches Leben. Gutes sollte sich in Wahres verwandeln und Wahres in Gutes – immer auf dem Hintergrunde der Bescheidenheit, wie Sokrates sie dargelebt hatte.« Dora Baker, Giovanni Pico della Mirandola, Dornach 1983, S. 30 f.

50 Zum damaligen Zeitpunkt hatte Pico bereits zwei philosophische Werke – den *Heptaplus* und die Schrift *de ente et uno* – herausgegeben, in denen er die Übereinstimmung des aristotelischen und des platonischen Denkens nachzuweisen versucht.

ber, Griechen, Ägypter und Lateiner stammen, öffentlich verteidigen. In der Formulierung dieser Thesen hat er sich nicht der rein lateinischen Sprache angeschlossen, sondern hat sich der Sprache der berühmten Disputatoren in Paris bedient [...] Die Sätze, die bestimmten Völkern oder einzelnen großen Weisen gehören, sind für sich zusammengestellt, diejenigen aber aus den verschiedenen Teilen der Philosophie sind bunt durcheinandergemischt.«[51]

Der »Graf von Mirandola« hofft auf die Teilnahme von Gelehrten aus allen Teilen Europas – nicht zuletzt mit dem Ziel, die verschiedenen, sich gegenseitig bekämpfenden Denktraditionen und Schulen an einem gemeinsamen Tisch zu versammeln. Ebenso wie Marsilio Ficino ist er davon überzeugt, daß es bei allen Widersprüchen zwischen den griechischen, jüdischen, arabischen und christlichen Denktraditionen, bei aller Widersprüchlichkeit zwischen dem neuentdeckten platonischen und neuplatonischen und dem scholastischen Denken einen gemeinsamen Kernbestand von Wahrheiten gibt, der sie über alle offenbaren Gegensätze hinaus vereint. Diesen Kernbestand herauszuarbeiten und mit seinen eigenen Vorstellungen über die Bedeutung des Menschen im Kosmos zu ergänzen und zu bereichern, dienen die 900 Thesen. Zu ihnen verfaßt Pico eine Begrüßungs-, Einleitungs- und Einführungsrede, die, da es niemals zu der Disputation kommen sollte, zunächst in seinen Papieren verschwindet, dann aber, schon früh nach seinem

51 Zitiert nach: Giovanni Pico della Mirandola, Über die Würde des Menschen. Aus dem Neulateinischen übertragen von Herbert Werner Rüssel. Mit einer Lebensbeschreibung Picos von Thomas Morus (1510), Zürich 1989[2], S. 93.

Tod aufgefunden und veröffentlicht, als ein Manifest des Humanismus und der Renaissance Furore macht: Die *Oratio de hominis dignitate*, die Rede über die Würde des Menschengeschlechts.

. . . und ihr Bann

Daß es niemals zu dieser denkwürdigen Veranstaltung in Rom kam, hatte, trotz der guten Verbindungen Mirandolas zu Lorenzo di Medici und dem Vatikan seinen Grund darin, daß sein Denken in einigen entscheidenden Punkten unvereinbar mit der christlichen Dogmatik war. In seinen Thesen ist weder von der Erbsünde die Rede, noch bedarf der Mensch der göttlichen Gnade – er ist von Gott unabhängig und frei. Pico della Mirandolas Humanismus erstrebt eine Weltreligion allgemeinmenschlicher Art, in der Griechentum, Christentum und Judentum auf friedliche Weise miteinander vereinigt sind. So kann es nicht ausbleiben, daß Papst Innozenz VIII. schon früh nach der öffentlichen Ankündigung der Disputation einen Ausschuß zur Untersuchung seiner Thesen einberuft. Die Kommission, die sie zu beurteilen hat, verurteilt zunächst sieben – unter anderem eine, in der er behauptet, keine Wissenschaft könne die Göttlichkeit Christi besser beweisen als die Kabbala und die wahre Magie –, erklärt weitere sechs für verdächtig, und Innozenz verbietet schließlich in einer Bulle vom 4. August 1487 die Disputation. Mirandola reagiert mit der Veröffentlichung einer Verteidigung, woraufhin der Vatikan kurzerhand alle 900 Thesen verbieten läßt und ihn mit dem Bann belegt. Erst sechs Jahre später wird er von Papst Alexander rehabilitiert und von der kirchlichen Zensur befreit.

Pico, der sich inzwischen von der Kirche bedroht fühlt, entschließt sich zur Flucht nach Frankreich, wo ihn Philipp von Savoyen aufgrund eines päpstlichen Haftbefehls in Vincennes gefangennehmen und einkerkern läßt. Nachdem die Theologen der Sorbonne sich weigern, dem Wunsch des Papstes nach seiner Verurteilung wegen Häresie zu entsprechen, und auf die Intervention zahlreicher italienischer Fürsten und Heinrichs VIII. hin, gibt dieser dem öffentlichen Druck nach, und Pico kehrt unter dem persönlichen Schutz Lorenzo de Medicis nach Florenz zurück. Hier weilt er bis zu seinem frühen Tod am 17. November 1494, wobei er nicht nur enge Kontakte zur platonischen Akademie und dem Mediceer-Kreis pflegt, sondern auch zu Savonarola Verbindung hält. Unter dem Schock des Bannes und Savonarolas Einfluß widmet er sich von nun an fast ausschließlich theologischen Themen und entschließt sich kurz vor seinem Tod, dem Dominikanerorden beizutreten. Einen Entschluß, den er jedoch nicht mehr in die Tat umsetzen kann.

Die ›oratio de hominis dignitate‹

Man stelle sich vor, ein junger Wissenschaftler, der sich ganz nach scholastischer Tradition seit Jahren mit einem Großteil des ihm verfügbaren Wissens seiner Zeit beschäftigt, tritt vor ein Publikum von Gelehrten aus allen Teilen Europas hin. Dies geschieht, wie er betont, nicht aus Ehrgeiz oder Geltungssucht, sondern weil er der wissenschaftlichen Welt etwas ganz Neues mitzuteilen hat. »Ich las,« so beginnt Pico seine Rede, »ehrwürdige Väter, in den Schriften der Araber, daß Abdallah, der Sarazene, auf die Frage, was ihm auf der Bühne der Welt am bewundernswertesten erscheine, geantwortet habe: nichts erscheine ihm wunderbarer als der Mensch. Damit stimmt er mit dem berühmten Satz des Hermes überein: ›Ein großes Wunder, o Asklepius, ist der Mensch.‹ Auf der Suche nach dem Sinn dieser Worte genügten mir die zahlreichen Argumente nicht, die man von so vielen Seiten über die menschliche Natur vorgebracht hat: Daß der Mensch ein vermittelnder Bote zwischen den Geschöpfen sei, Vertrauter der Götter, König über die niedrigeren Wesen. Durch die Schärfe seiner Sinne, die Forscherkraft seines Verstandes und das Licht seiner Intelligenz deute er die Natur. Er sei die Atempause zwischen dem Ewigen und dem Strömen der Zeit. Das verbindende, ja, wie die Perser sagen, das hochzeitliche Glied der Welt und, nach dem Zeugnis Davids, von beinah engelhafter Natur. Das sind ohne Zweifel große Dinge, aber doch nicht die entscheidenden, oder besser gesagt nicht solche, die uns die höchste Bewunderung abverlangen würden. Warum nämlich sollten wir nicht die Engel selbst und die seligen Chöre des Himmels mehr bewundern? Schließlich aber glaube ich verstanden zu haben, warum der Mensch das am meisten gesegnete aller Lebewesen ist und warum er jede Bewunderung verdient. Ich glaube verstanden zu haben welche Stellung dem Menschen im Universum zukommt, eine Stellung, um die ihn nicht nur die vernunftlosen Wesen beneiden, sondern auch die Sterne, ja die überweltlichen Geister sogar. Unglaublich und wunderbar. Doch wie könnte es anders sein? Denn mit Recht wird der Mensch als ein großes

Wunder angesehen und als ein Lebewesen, das man in der Tat beneiden kann.«[52]

Um nun seine Erkenntnis, von deren Bedeutung er überzeugt ist, kundzutun, greift Pico das allbekannte Motiv der hebräischen Schöpfungsgeschichte und den Ursprungsmythos aus Platons *Timaios* auf und teilt den Hörern in ihrer Sprache das Ergebnis seines Nachdenkens über das Wesen des Menschen mit: »Schon hatte Gottvater, der erhabenste Baumeister, das Haus der Welt, den heiligen Tempel nach den Gesetzen einer geheimen Weisheit errichtet. Den Raum über den Himmeln hatte er mit Geistern geschmückt, die Sphären des Äthers mit ewigen Seelen belebt und den schmutzigen Teil der unteren Welt mit einer Anzahl von Lebewesen aller Art bevölkert. Aber als das Werk vollendet war, wünschte der Meister, es gäbe jemanden, der fähig wäre, den Sinn seines großen Werkes zu begreifen, seine Schönheit zu lieben und seine Erhabenheit zu bewundern. Daher beschloss er (wie Moses und Timaios bezeugen), nachdem nun alles vollbracht war, zuletzt den Menschen zu schaffen. Doch unter den Urbildern war keines mehr da, um daraus einen neuen Sproß zu bilden, unter seinen Schätzen nichts, was er dem neuen Sohn als Erbe noch hätte schenken können und es gab auf der ganzen Welt keinen Ort, den der Betrachter der Welt hätte einnehmen können. Alle Plätze waren bereits vergeben, alle Ränge den oberen, mittleren und unteren Ordnungen bereits zugeteilt [. . .] Da beschloss der höch-

52 Giovanni Pico della Mirandola, De hominis dignitate. Über die Würde des Menschen. Lateinisch-deutsch, Hamburg 1990, S. 3. [Die Übersetzung wurde im folgenden zuweilen vom Autor bearbeitet.]

ste Künstler den Menschen, dem er nichts eigenes mehr zu geben hatte, an allem teilnehmen zu lassen, das er den anderen gegeben. So war er zufrieden mit ihm als einem Wesen von unbestimmter Gestalt, stellte ihn in die Mitte der Welt und sprach zu ihm wie folgt: ›Wir haben dir keinen festen Wohnsitz gegeben, Adam, kein eigenes Aussehen noch irgendeine besondere Gabe, damit du den Wohnsitz, das Aussehen und die Gaben, die du dir wünschst, nach eigenem Ratschlag und Beschluß selbst erwählst. Die Natur der übrigen Geschöpfe ist fest bestimmt und wird innerhalb der Gesetze beschränkt, die ich ihnen gab. Du aber sollst dir deine Natur von keinen Schranken eingeengt nach deinem Ermessen selbst bestimmen. Ich stelle dich in die Mitte der Welt, damit du von hier aus alles was um dich herum ist, besser überschaust. Weder himmlisch noch irdisch, weder sterblich noch unsterblich haben wir dich geschaffen, damit du als dein eigener, freier und schöpferischer Bildhauer dich selbst in der von dir gewählten Form aufbaust und gestaltest. Du kannst zum Niedrigen, zum Tierischen entarten; du kannst aber auch zum höheren, zum Göttlichen wiedergeboren werden, wenn deine Seele es beschließt.‹«[53]

Ein Wesen von unbestimmter Gestalt

Dies sind ganz andere, neue Töne, als wir sie von der platonischen, neuplatonischen oder christlichen Tradition her kennen. Die platonische Welt war eine ewige unverrückbare Welt der geistigen Ordnungen und der

53 Ebd. S. 5/7.

Mensch definierte sich in dem Spannungsverhältnis von irdischer und geistiger Macht. Für Platon war der Mensch ein Geschöpf Gottes, dessen höchste Bestimmung in der Erkenntnis der ewigen geistigen Urbilder lag. Plotin hatte den Menschen in ein Verhältnis zu Gott gesetzt, in dem dieser ganz in jenem aufging und nur in ihm zu seiner Freiheit fand. Bei Pico nun wird der Mensch anders definiert. Sein Hauptcharakteristikum ist die Unbestimmtheit. Er ist ein »Geschöpf von unbestimmter Gestalt«. Er hat weder einen festen Wohnsitz noch ein besonderes Aussehen. Als ein freies, sich selbst gestaltendes Wesen ist er in die Mitte der Welt gestellt.

Die Platoniker zielten auf absolutes Wissen und Erkenntnis. Es gab die feste, in sich gegründete Ordnung, durch deren Erkenntnis das Streben des Menschen seine Erfüllung fand. Nun steht nicht mehr so sehr die Erkenntnis des Absoluten im Vordergrund, sondern die Selbstfindung durch Selbstgestaltung wird zum Ziel. Der Mensch muß sich selbst definieren. Er ist das, was er aus sich macht. Seine Würde besteht gerade darin, daß Gott ihm nicht, wie allen anderen Wesen, eine feste Bestimmung zugewiesen hat.

Alle anderen himmlischen und irdischen Wesen sind auf ihre Art und Weise festgelegt. Ein Engel ist kein freies Wesen, denn er kann nur das tun und sein, für das Gott ihn vorbestimmt hat. Tiere und mehr noch die Pflanzen sind durch ihren Instinkt und ihre Gestalt festgelegt. Einzig der Mensch hat den Spielraum zu wählen und diese Freiheit, das ist Picos gedankliche Essenz, ist das größte Geschenk, das Gott einem Wesen machen kann: »O höchste Großmut Gottvaters! O höchstes, bewundernswertes menschliches Glück! Ihm wurde gewährt das zu haben, was er sich wünscht, das zu sein, was er sein will.«[54]

Pico beschreibt den Menschen als ein »Chamäleon« und einen »Proteus«[55], das heißt ein Wesen, das »seine Farbe wechseln« und sich in alle möglichen Seinszustände versetzen kann. Er kann zum Höchsten geraten aber auch zum Niedersten degenerieren und das alles hängt einzig und allein von seinem freien Willen ab. »Im Menschen sind von Geburt an Samen jeder Art und die verschiedensten Lebenskeime von Gott dem Vater angelegt; Je nachdem welche er hegt und pflegt, werden sie heranwachsen und ihre Früchte in ihm tragen. Sind es pflanzliche Keime, so wird er zur Pflanze, sind es sinnliche, so wird er zum Tier werden. Sind es Keime der Vernunft, so wird er sich zu einem himmlischen Lebewesen entwickeln; sind es Keime des Geistes, so wird er ein Engel sein und Gottes Sohn. Wenn er sich nun, mit keinem Los der Geschöpfe zufrieden, ins Zentrum seiner Einheit zurückgezogen hat, wird er eines Geistes mit Gott. In der einsamen Dunkelheit des Vaters, der über allem steht, wird er alles überragen.«[56]

Mystiker des Rationalismus

Picos Freiheitsbegriff bewegt sich einerseits noch ganz auf dem Felde des klassischen und mittelalterlichen Monismus, verweist gleichzeitig aber auch schon auf die Aporien des modernen Freiheitsbegriffes. Dies kommt

54 Ebd. S. 7.
55 Ebd.
56 Ebd.

besonders dann zum Ausdruck, wenn er auf den ethischen Aspekt der Freiheit zu sprechen kommt. Man ahnt, daß der immer wiederkehrende Hinweis, daß Freiheit nicht mit Gottlosigkeit, Selbstgestaltung nicht mit Selbstüberschätzung verwechselt werden darf, nicht nur an die Adresse einer stets die Häresie witternden Kirche gerichtet ist. Ganz dunkel schwindelt ihm wohl schon vor den Konsequenzen, die ein solcher Gedanke für das menschliche Selbstverständnis hat. »Wir müssen Sorge dafür tragen, daß man nicht von uns sagt, wir hätten, als wir in Ansehen standen, nicht erkannt, daß wir dem vernunftlosen Vieh ähnlich geworden sind [...] Machen wir nicht die freie Wahl, die Gottvater großzügig und gütig uns gegeben hat, von etwas Heilsamem zu etwas Schädlichem. Ein heiliger Ehrgeiz dringe in unsere Seele [...] Laßt uns das Irdische verschmähen, das Himmlische verachten und [...] dem überhimmlischen Ort zueilen, der Gott, dem Erhabenen, am nächsten ist.«[57]

Pico denkt Freiheit und Notwendigkeit also noch zusammen, ein Problem, um das sich die nach ihm kommenden Freiheitsphilosophien bis heute bemühen. Die klassischen Metaphysiker hatten es insofern leichter, den Freiheitsgedanken zu denken, als sie Freiheit immer im Sinne von Selbstbildung dachten. Diese Selbstbildung aber war – wie man exemplarisch an der platonischen Tradition sehen konnte – darauf ausgerichtet, sich vom Subjektiven zu lösen und gedanklich mehr und mehr in den Raum des Objektiven vorzudringen. Das Objektive war das einzig gültige, göttliche Reich der ewigen Gesetze und Urbilder, zu deren Gewißheit man sich nur durch äußerste Disziplin im Denken und

57 Ebd. S. 11.

höchste Konsequenz im Handeln durchringen kann. Durch und durch platonisch, wenngleich auch sprachlich eher scholastisch geprägt, klingt dies bei Pico nach: »Also wollen auch wir, indem wir auf Erden dem Leben der Cherubim nacheifern und durch die Morallehre den Drang der Leidenschaften zügeln, durch die Dialektik die Finsternis des Verstandes vertreiben. So läutern wir die Seele und waschen gleichsam den Schmutz der Unwissenheit und der Laster heraus, damit weder die Leidenschaften blindlings wüten noch der unkluge Verstand je zu rasen beginnt. Dann soll unsere wohlgeordnete und geläuterte Seele vom Licht der Naturphilosophie durchflutet werden, damit sie schließlich durch die Erkenntnis der göttlichen Dinge vollendet wird.«[58]

Der freie Mensch gründet seine Freiheit auf Erkenntnis und auf der Überwindung seiner Triebnatur. Durch das Studium der Ethik bezwingt er seine Leidenschaft. Die Dialektik befreit seinen Verstand von Verfinsterung und Unwissenheit. Die so gereinigte Seele ist frei und bereit, die Lehren der Metaphysik in sich aufzunehmen und schließlich empfängt sie die von der Theologie gelehrte vollkommene Erkenntnis Gottes und des Universums. Der scholastische Unterton in Giovanni Picos Rede zeigt, daß er alles andere als ein Mystiker ist. Und doch zielt ihr durch und durch rationalistischer Unterton genau auf jene mystische Erfahrung hin. Della Mirandola ist ein »Mystiker des Rationalismus«. Er will mit den rationalen Denkmitteln der Scholastik und der griechischen Philosophie wieder in mystische Höhen gelangen. Das unterscheidet ihn vom Offenbarungsglauben der katholischen Kirche und macht doch

58 Ebd. S. 15.

auch deutlich, warum er sich in ihrer Tradition sehen kann.

Rationalismus und Offenbarung speisen sich aus einer Quelle. Die prophetischen Bücher des Alten und des Neuen Testaments sind seiner Meinung nach durchaus kompatibel mit den Schriften der jüdischen und arabischen Mystiker einerseits und andererseits mit dem Rationalismus der Scholastik und der griechischen Philosophie. Pico ist weder ein Mystiker, noch ein Ekstatiker. Er berichtet nicht »aus eigener Schau«. Aber er benennt die Mittel des Denkens, durch die jeder, der es richtig macht, in »Verzückung« geraten kann.

Rationalismus und »Verzückung« schließen sich für Pico also nicht aus. Er beschreibt das produktive Denken als einen Glückszustand, der dem der Ekstatiker durchaus nahe kommt. Unter einem scholastischen Schwall von Worten, Schleifen und Ausflügen in die Mythologien und Religionen anderer Kulturen verbirgt sich immer wieder der gleiche Kern: Daß das inspirierte Denken durchaus dazu in der Lage ist, die Kernwahrheiten all jener Mythologien und Religionen in zeitgenössischer Form – eben rational – zu aktivieren. »Fortgerissen werden wir, Väter, fortgerissen durch die sokratischen Verzückungen, die uns so außer unseren Geist versetzen, daß sie unseren Geist und uns in Gott versetzen. Fortgerissen werden wir von ihnen auf jeden Fall, wenn wir selber vorher getan haben, was an uns ist. Denn wenn die Kräfte der Leidenschaften mit Hilfe der Ethik durch die nötige symmetrische Anordnung so auf den Rhythmus ausgerichtet sind, daß sie miteinander in sicherem Einklang harmonieren, und sich die Vernunft mit Hilfe der Dialektik beim Voranschreiten im Takt bewegt, dann werden wir, durch die Verzückung der Musen erregt, die himmlische Harmonie förmlich einsaugen. Sodann wird uns, wenn wir philosophieren, der Musenfürst Bacchus in seinen Mysterien, das heißt den sichtbaren Zeichen der Natur, das Unsichtbare des Gottes zeigen und uns mit dem überfließenden Reichtum von Gottes Haus berauschen, in dem die heilige Theologie überall, wenn wir wie Moses getreu sein werden, zu uns kommen und uns mit doppelter Verzückung begeistern wird. Denn auf ihre erhabene Warte erhöht, werden wir von dort die Dinge, die sind, die sein werden und die waren, an der unteilbaren Ewigkeit bemessen und ihnen apollinische Seher, werden wir die ursprüngliche Schönheit bewundern und deren geflügelte Liebhaber sein, und schließlich werden wir, von unaussprechlicher Liebe wie durch einen Stachel aufgejagt, wie glühende Seraphim außer uns geraten, der Gottheit voll, nicht mehr wir selbst, sondern der sein, der uns geschaffen hat.«[59]

Ohne Meister

Pico stellt sich mit seinen 900 Thesen dem öffentlichen Disput, das heißt er stellt seine Wahrheit zur Disposition. Er betrachtet den Disput als eine notwendige Übung des Geistes – eine sich nur der Rhetorik und des Stils bedienende Philosophie neige zur »Trägheit und Schläfrigkeit«.[60] Ganz in der Tradition des klassischen sokratischen Erbes, dem es mehr um die Ausbildung des lebendigen Denkens als um tote Schulweisheit ging, lehnt er den Dogmatismus geistiger Schulbildungen ab und

59 Ebd. S. 25.
60 Ebd. S. 39.

beharrt auf einer gebildeten geistigen Autonomie. »Ich aber habe mich dahin gehend unterwiesen, auf die Worte keines Meisters der Philosophie zu schwören, sondern meine Aufmerksamkeit auf alle auszudehnen, sämtliche Schriften zu durchforschen, alle Schulen kennenzulernen [...] Alle Philosophen der Antike achteten nämlich darauf, alle Arten von Schriftstellern zu studieren, keine erreichbare Abhandlung ungelesen zu übergehen, und in besonderem Maß gilt das für Aristoteles, den Platon deshalb auch anagnostes, das heißt Leser nannte. Und in der Tat zeugt es von Engstirnigkeit, wenn man sich immer nur innerhalb der Grenzen einer einzigen Säulenhalle oder Akademie aufgehalten hat.«[61] Und weiter: »Was hätte es für einen Nutzen, wenn nur die Philosophie der Lateiner, des Albertus also, des Thomas, Scotus, Aegidius, Franziskus und Henricus behandelt würde, die Philosophen der Griechen und Araber aber übergangen würden? Wo doch alle Weisheit von den Barbaren zu den Griechen, von den Griechen zu uns gelangt ist.«[62]

So ist die *Oratio* im Grunde genommen eine Sammlung verschiedener Exkurse in die griechische, arabische, hebräische, lateinische und scholastische Philosophie mit dem Ziel der Synthese. Das neue Menschenbild wird durch den Rekurs auf die philosophischen Autoritäten abgesichert und plausibel gemacht. Dieses Verfahren ist sicherlich zunächst im Sinne einer scholastischen Pflichtübung zu verstehen, andererseits aber sind die Verbindungen, die Pico zwischen den verschiedenen Philososophien, Mythologien und Religionen zieht, durchaus neu.

61 Ebd. S. 43.
62 Ebd. S. 47.

In seinem Bestreben zu einer umfassenden Synthese zu gelangen führt Pico allein in der *Oratio* weit mehr als fünfzig Namen an. Unter ihnen die herausragenden Vertreter der arabischen Philosophie Averroes, Avicenna, Alfarabi und Avempace; Vertreter der Patristik wie Augustinus, Origenes, Dionysius Areopagita und Hilarius; Scholastiker wie Duns Scotus, Thomas von Aquin, William von Ockham, Albertus Magnus und Henricus Stephanus. Neben den wichtigsten Platonikern und Neuplatonikern Pythagoras, Aristoteles, Proklos, Heraklit und Empedokles und aus der Spätantike die von Ficino unter dem Titel *Poimandres* übersetzten vierzehn Traktate aus dem *Corpus Hermeticum*. Und schließlich verschiedene hebräische Texte wie das Alte Testament, den Talmud, den Midrasch und die hebräische Mystik des Mittelalters in der Kabbala.

Mysterien

Einen besonderen Platz nehmen in der *Oratio* die verschiedenen Traditionen der Geheimlehren ein. Pico interpretiert sie als symbolisch verschlüsselte Botschaften einer hinter Bildern verborgenen geheimen Philosophie. »Einer Gewohnheit der alten Theologen folgend, verwob Orpheus aber die Geheimnisse seiner Lehrsätze so mit einem Mantel aus Geschichten und verhüllte sie mit einem dichterischen Schleier, daß der Leser seiner Hymnen glaubt, nichts stecke dahinter als Märchen und völlig belanglose Spielereien. Das wollte ich sagen, damit man erkenne, welche Mühe, welche Schwierigkeiten ich gehabt habe, aus dem künstlichen Rätselgeflecht, aus der Dunkelheit der Geschichten den verborgenen Sinn der geheimen Philosophie zu ermitteln, zumal da mir in einer so schwierigen, so entlegenen und unerforschten Angelegenheit durch keine Studien und Forschungen anderer Erklärer geholfen wurde.«[63]

Er erwähnt die orphischen und pythagoreischen Geheimschulen, die griechischen Mysterien, die kabbalistischen und chaldäischen Traditionen und ihre Symbolik und führt sie auf einen Kernbestand esoterischer Wahrheiten zurück. Die delphischen Mysterien beispielsweise hätten Maßhalten, Selbsterkenntnis und Erkenntnis der Gründe der Natur zum Ziel gehabt. Wenn Pythagoras davor warne, »beim Opfer die Nägel zu schneiden«, so begreife er dies als die Aufforderung zu Selbstdisziplin und Gemessenheit.[64] Ebenso beinhalte die Aufforderung, »den Hahn zu füttern«, symbolisch den Aufruf zu philosophischer Disziplin und Wachsamkeit. Die rätselhaften letzten Worte des Sokrates, Kriton solle daran denken, dem Asklepios in seinem Namen einen Hahn zu opfern, deutet er als das Wissen des Sokrates um die nahende Verbindung mit der »Göttlichkeit der größeren Welt«.[65]

Und schließlich – ein letztes Beispiel – führt er Zarathustras Hinweis auf die vier Flüsse des Paradieses, aus denen der Gläubige seine Wasser schöpfen solle, auf die vier scholastischen Disziplinen »Moralwissenschaft«, »Dialektik«, »Naturbetrachtung« und »theologische Frömmigkeit« zurück: »Die chaldäischen Interpreten überliefern uns das folgende Wort Zarathustras: Einst habe die Seele Flügel gehabt. Als ihr aber die

63 Ebd. S. 65/67.
64 Ebd. S. 27/29.
65 Ebd. S. 29.

Federn ausfielen, sei sie jäh in den Körper abgestürzt. Wenn ihr aber die Federn wieder nachwüchsen, so flöge sie wieder zu den Göttern zurück. Daraufhin hätten die Schüler gefragt, wie sie denn eine flugfähige Seele mit gut befiederten Flügeln wiedererlangen könnten und Zarathustra habe gesagt: ›Indem ihr eure Flügel mit dem Wasser des Lebens besprengt!‹ Als sie aber wissen wollten, woher dieses Wasser zu nehmen sei, habe er ganz nach seiner Gewohnheit geantwortet: ›Von vier Strömen wird Gottes Paradies bewässert und durchspült. Aus diesen sollt ihr das heilsame Wasser schöpfen. Der aus dem Norden kommt heißt Pischon, das heißt ›das Rechte‹. Der aus dem Westen kommt heißt Dichon, was ›die Sühne‹ bedeutet. Der aus dem Osten heißt Chidekkel und das bedeutet Licht. Der aus dem Süden aber heißt Perath und das bezeichnet die Frömmigkeit.‹«[66]

Fast schon stereotyp, wenn auch mit den üblichen Bildern und Übermalungen versehen, werden dann die vier Flüsse des Paradieses als »Moralwissenschaft«, »Dialektik«, »Naturphilosophie« und »theologische Frömmigkeit« ausgedeutet und interpretiert.

Man sieht, Pico übersetzt auch die verschlüsselten Botschaften der Geheimlehren in die ihm gewohnte Denktradition der scholastischen Philosophie. Wie Dante ist er bestrebt, die »heidnische« Lehre in die Sprache der christlichen Offenbarung zu übersetzen. Damit unterstreicht er einerseits ihren rationalen Zusammenhang mit der abendländischen Metaphysik und weist auf eine im Grunde ungebrochene religiöse Tradition hin, zeigt andererseits aber auch, daß die verschiedenen Re-

66 Ebd. S. 29/31.

ligionen und Denktraditionen gar nicht so verschieden sind, wie es den Anschein haben könnte, sondern sich um einen gemeinsamen Kernbestand von Wahrheiten gruppieren, der dem rationalen Diskurs durchaus zugänglich ist.

Weder ganz Auftakt, noch ganz Abgesang

Pico della Mirandola ist ein Denker der Versöhnung. Polarisierungen und Schulbildungen lehnt er ab. Schon in seinen ersten Werken ist er um die Verbindung von aristotelischem und platonischem Gedankengut bemüht. In der *Oratio* und den *900 Thesen* weitet er dieses Synthesestreben noch einmal auf die unterschiedlichsten Religionen und Denktraditionen aus. Daß er dabei die Grenzen der Zulässigkeit und des Vertretbaren einer schon wankenden geistigen Ordnung übertritt, scheint ihm nicht bewußt gewesen zu sein. Fast naiv mutet sein Glaube an die Wirksamkeit und Überzeugungskraft des richtigen Argumentes an.

Vergleichsweise harmlos, verglichen mit den Mitteln, die die Kirche anderen Häretikern gegenüber wenig später ergreifen wird, wirkt die Strafe, die man gegen ihn verhängt: das Verbot seiner Thesen und ein sechsjähriger Kirchenbann. Und doch zeigt seine Reaktion, daß er durch diese Sanktionen zutiefst verunsichert ist. Ging er in seinem Glauben an die menschliche Autonomie und Perfektibilität zu weit? Wurde hier etwas gedacht, das er selbst nicht mehr verantworten kann? Sein öffentlicher Rückzug, der Wunsch, einem Orden beizutreten und nicht zuletzt auch sein früher Tod legen diese

Selbstzweifel nahe. In ihnen offenbart sich in vielleicht archetypischer Weise ein Zwiespalt, durch den seine Zeit insgesamt gekennzeichnet ist.

Picos anfängliches Pathos und seine Zuversicht nehmen im Hinblick auf sein weiteres Schicksal fast tragische Züge an. Sie deuten auf eine Zerrissenheit, die das auf sie folgende Denken niemals mehr ganz abstreifen wird. Und so ist die *Oratio* weder ganz Auftakt, noch ganz Abgesang. Ein Zwitter, der zwischen den Zeiten steht.

Giovanni Battista Vico, dann Fichte und Hegel, Nietzsche und Marx, sie alle haben diese Zweifel mehr oder weniger und manchmal gewaltsam abgelegt. Sie errichten ihre philosophischen Bauten auf einem ähnlichen, zunehmend säkularen Fundament. Picos Denken ist noch fest verwurzelt im Glauben, aber es spaltet sich gleichzeitig ab. Die Vereinsamung, die dies mit sich bringt, wurde jedenfalls nicht ausreichend durch den Wärmestrom absorbiert, den die Idee einer radikalen menschlichen Freiheit und Autonomie ohne Zweifel erzeugen kann.

Schelling

Mit Würde, Männlichkeit und Begeisterung

Schelling, Freund und Weggefährte Hegels und Hölderlins, beschäftigt philosophisch zeitlebens eine Frage: Wie bestimmt sich das Verhältnis des Menschen zum Absoluten und welche Konsequenzen ergeben sich daraus für ihn? In seiner frühen, identitätsphilosophischen Zeit sucht er einen Zugang zum Absoluten über die Kunst. Das vielleicht schönste Zeugnis seiner kunstphilosophischen Überlegungen dieser Zeit ist eine Rede, die er im Jahre 1807 anläßlich eines Festaktes der bayrischen Akademie der Wissenschaften hielt, zu deren Mitglied er gerade berufen worden war. Sie kann als Höhepunkt und Abschluß seiner kunstphilosophischen Forschungen gelten, denn nach 1807 wendet sich Schelling anderen Themen zu.[67]

Literatur und Philosophie in Deutschland stehen zu Beginn des Jahrhunderts auf der Höhe ihres Selbstbewußtseins. Die Weimarer Klassik hat ihren Zenit erreicht, die Frühromantik beginnt gerade ihre ersten philosophischen Systeme zu formulieren. Fichte wird neben Kant zu einem neuen Leitstern der jungen deutschen Philosophie. Schelling, Hegel und Hölderlin arbeiten ihre großen philosophischen und poetischen Entwürfe aus. Vergleichsweise bescheiden sind demgegenüber die Erfolge der bildenden Kunst. Schelling, 1807 bereits

67 Vgl. Werner Beierwaltes (Hrsg.), Friedrich W. J. Schelling. Texte zur Philosophie der Kunst, Stuttgart 1983, S. 4.

einer der führenden philosophischen Köpfe in Deutschland, ist mit dieser Situation gut vertraut. Seit Beginn des Jahrhunderts eng mit dem Romantikerkreis um die Brüder Schlegel befreundet, liegt ein besonderer Schwerpunkt seiner Arbeit auf der Literatur- und Kunstbetrachtung und sein ehrgeiziges Anliegen ist eine neue »romantische« Kunsttheorie.

Im Jahre 1808 zum Generalsekretär der Akademie der bildenden Künste in München berufen, erfährt er die Misere daher hautnah. Aber welche Gründe gibt es dafür? Warum erzielt die bildende Kunst in Deutschland nicht die gleichen Erfolge wie Literatur und Philosophie? Dieser Frage wendet Schelling sich in seiner Rede *Über das Verhältnis der bildenden Künste zu der Natur* zu.

»Schelling«, so seine Frau Caroline in einem Brief an Luise Gotter kurz nach Schellings Münchner Auftritt, »hat mit einer Würde, Männlichkeit und Begeisterung geredet, daß Freund und Feind hingerissen war, und nur eine Stimme darüber gewesen ist, vom Kronprinzen und den Ministern an, die gegenwärtig waren, bis zu den Geringsten. Es ist mehrere Wochen nachher bei Hof und in der Stadt von nichts die Rede gewesen als von Schellings Rede. Auch als den einzigen erkennt man ihn an, der würdig gesprochen dem Inhalt und der Form nach. [. . .] Jakobi, der für Schelling überhaupt Achtung, selbst Zuneigung hat, aber freilich weder im Charakter noch in der Philosophie mit ihm übereinstimmt, sagte, seine Bewunderung sei gegen das Ende bis zur Bestürzung gestiegen, und in der Tat sah man ihm das auch etwas an.«[68]

68 Caroline Schelling in einem Brief an Luise Gotter vom 12. 10. 1807 (Datierung umstritten). Zitiert nach: Friedrich W. J. Schelling, Über das Verhältnis der bildenden Künste

Jener tiefe dem chemischen ähnliche Prozeß

Was hatte die Zuhörer so fasziniert? Schelling beginnt sein Nachdenken über die zeitgenössische Situation der Künste mit einer Reflexion über die Nachahmungstheorie. Dem Künstler, so Schelling, der dem allgemeinen Verständnis nach die Natur nachahmen solle, sei zumeist wenig bewußt, was das Wesen der Natur sei. Auch die Kunstkenner und Kunsttheoretiker fänden es meist bequemer, ihre Betrachtungen aus einer Theorie der Seele als aus einer Wissenschaft der Natur herzuleiten. Diesen Mangel zu beheben nimmt er sich in seiner Rede vor. »Wir hoffen daher«, so erläutert er dem Publikum, »indem wir die bildende Kunst im Verhältnis zu ihrem wahrhaften Vorbild und Urquell, der Natur, betrachten, einiges noch nicht Erkannte zu ihrer Theorie beitragen zu können [. . .].«[69]

Daß die Kunst die Natur nachzuahmen habe, so Schelling, sei ein weithin unbestrittenes Postulat der Kunsttheorie der neueren Zeit und man könne es wohl kaum in Zweifel ziehen. Man müsse sich aber fragen, auf welchen unhinterfragten Vorstellungen der Natur dieses Denken gründe. Welches Naturverständnis herrsche in den Köpfen derer vor, die dies von der Kunst verlangen? »Ist sie doch dem einen nichts mehr als das tote Aggregat einer unbestimmbaren Menge von Gegenständen, oder der Raum, in den er sich die Dinge wie in ein Behältnis gestellt denkt; dem andern nur der Boden, von dem er seine Nahrung und Unterhalt zieht: dem begeisterten

zu der Natur. Eingeleitet und herausgegeben von Lucia Sciborsky, Hamburg 1983, S. 69 f.

69 Ebd. S. 4 f.

Forscher allein die heilige, ewig schaffende Urkraft der Welt, die alle Dinge aus sich selbst erzeugt und werktätig hervorbringt.«[70]

Es müsse doch nachdenklich stimmen, daß gerade diejenigen, die alles Leben der Natur verleugnet hätten, nun von der Kunst forderten, daß sie deren Werke nachzubilden habe. Was anderes könne bei einer solchen Nachahmung herauskommen als das tote mechanische Bild, das man zuvor in sie hineingelesen habe. »Sonderbar genug, wenn eben die, welche alles Leben der Natur verleugnet, es in der Kunst zur Nachahmung aufstellten! Ihnen konnten die Worte des tiefsinnigen Mannes[71] gelten: Eure lügnerische Philosophie hat die Natur aus dem Wege geräumt, und warum fordert ihr, daß wir sie nachahmen? damit ihr das Vergnügen erneuern könnt, an den Schülern der Natur dieselbe Gewalttat auszuüben?«[72]

Auch müsse die andere, an sich richtige Forderung, der Künstler habe von der Natur nur das Schöne und Vollkommene abzubilden, in diesem Zusammenhang skeptisch stimmen. Wer die Dinge nur ihrer toten, »abgezogenen Form« nach anzuschauen gelernt habe, dem offenbare sich nur schwer das Wesen der Schönheit und Vollkommenheit. »Nie also wird dem, welchem die Natur überhaupt als Totes vorschwebt, jener tiefe dem chemischen ähnliche Prozeß gelingen, wodurch, wie im Feuer geläutert, das reine Gold der Schönheit und Wahrheit hervorgeht.«[73]

70 Ebd. S. 5.
71 Gemeint ist der Philosoph und Aufklärungsgener Johann Georg Hamann (1730–1788).
72 Ebd.
73 Ebd. S. 7.

Griechenland

Schelling weist auf den Gang der Kunstgeschichte von ihrer vorklassischen Zeit bis zu ihrer Blüte im antiken Griechenland hin. In den älteren Kulturen habe man in der Natur nichts Göttliches gesehen und lediglich »Götzen aus ihr hervorgeholt«. Erst im Griechentum habe man das Göttliche in der Natur erkannt und es seien wahrhafte Götter aus ihr entstanden – eine Vorstellung, die Hegel knapp zwanzig Jahre später in seinen Berliner Vorlesungen zur Ästhetik zu dem berühmten Satz veranlassen wird, die griechische Skulptur sei das »sinnliche Scheinen der Idee«. Exponent dieses Gedankens ist der 1717 geborene und seit 1755 in Rom lebende Johann Joachim Winckelmann, der sich bis zu seinem Tode im Jahre 1768 intensiv dem Studium des Altertums widmete und als der Begründer der modernen Kunstwissenschaft gilt. 1755 erscheint seine Schrift *Gedancken über die Nachahmung der Griechischen Wercke in der Mahlerey und Bildhauer-Kunst*, in der er die klassische griechische Skulptur als einen Gipfel der Kunstentwicklung der Menschheit und als die sichtbar gewordene Manifestation platonischer Ideale preist.[74]

74 »Die Kenner und Nachahmer der griechischen Werke finden in ihren Meisterstücken nicht allein die schönste Natur, sondern noch mehr als Natur, das ist, gewisse idealische Schönheiten derselben, die, wie uns ein alter Ausleger des Plato lehret, von Bildern bloß im Verstande entworfen, gemacht sind.« Zitiert nach Ludwig Uhlig (Hrsg.), Griechenland als Ideal. Winckelmann und seine Rezeption in Deutschland. Deutsche Text Bibliothek Band 4, Tübingen 1988, S. 24.

Winckelmanns Kunstideal bezieht sich auf die griechische Kunst zwischen den Perserkriegen und der Zeit Alexanders des Großen. Hier entfaltete sich seiner Überzeugung nach eine Kultur hoher Menschlichkeit, die nur in der freien Atmosphäre der griechischen Polis wachsen konnte und die in seiner Vorstellung das genaue Gegenbild der absolutistischen Kleinstaaterei und der engen Verhältnisse in Deutschland war. In der idealen Welt der attischen Polis konnte eine Kunst gedeihen, die für die nachgriechische Kunst ein ewiges Ideal bleiben werde. Winckelmann zieht daraus eine Konsequenz, die für die weitere Kunst-, Philosophie- und Literaturentwicklung in Deutschland weitreichende Folgen haben wird: Da in der griechischen Kunst das höchste Kunstideal erreicht ist, solle der bildende Künstler zunächst die Werke der Griechen nachahmen und erst dann zum Naturstudium übergehen. »Wenn der Künstler auf diesen Grund bauet, und sich die griechische Regel der Schönheit Hand und Sinne führen lässet, so ist er auf dem Wege, der ihn sicher zur Nachahmung der Natur führen wird. Die Begriffe des Ganzen, des Vollkommenen in der Natur des Altertums werden die Begriffe des Geteilten in unserer Natur bei ihm läutern und sinnlicher machen: er wird bei Entdeckung der Schönheiten derselben diese mit dem vollkommenen Schönen zu verbinden wissen, und durch Hülfe der ihm beständig gegenwärtigen erhabenen Formen wird er sich selbst eine Regel werden.«[75]

75 Ebd. S. 31.

Gegenstimmen

Schelling teilt diese Euphorie gegenüber dem Nachahmen griechischer Werke nicht. Mehr als ein halbes Jahrhundert nach Winckelmanns Tod hat die sich auf seinen Namen berufende klassizistische Kunst nichts Nennenswertes hervorgebracht. Bereits im Jahre 1801 hatte Schellings inzwischen in Tübingen an einer Geisteskrankheit leidender Freund Hölderlin einen der Gründe für die Unwirksamkeit des Klassizismus ausgemacht. »Deswegen ists auch so gefährlich sich die Kunstregeln einzig und allein von griechischer Vortrefflichkeit zu abstrahieren. Ich habe lange daran laboriert und weiß nun daß außer dem, was bei den Griechen und uns das höchste sein muß, nämlich dem lebendigen Verhältnis und Geschick, wir nicht wohl etwas gleich mit ihnen haben dürfen.«[76]

Philipp Otto Runge, ein junger Maler des Romantikerkreises, deutet in einem Brief an Schelling ebenfalls auf die Gefahren einer bloßen Nachahmung griechischer Werke hin: »Das Studium der Alten und das Entwickeln aller Stufen der Kunst daraus ist zwar sehr gut; es kann aber dem Künstler nichts helfen wenn er nicht dahin kommt oder gebracht wird, den gegenwärtigen Moment des Daseins mit allen Schmerzen und Freuden zu fassen und zu betrachten; wenn nicht alles, was ihm begegnet, persönliche Berührung mit der weitesten Ferne und dem innersten Kern seines Daseins, mit der ältesten Vergangenheit und der herrlichsten Zu-

76 Friedrich Hölderlin, Brief an Casimir Ulrich von Böhlendorff vom 4. 12. 1801. In: Sämtliche Werke und Briefe, Frankfurt/M. 1992, S. 460.

kunft wird, die ihn nicht zerstört, sondern stets vollkommener formiert.«[77]

Schellings Kritik bewegt sich auf genau dieser Linie. Wie andere Kritiker der Nachahmungstheorie, die nicht nur im Klassizismus sondern auch in Schellings nächster Umgebung ihre Anhänger hat,[78] sieht er, daß dem nach-

77 Zitiert nach Eckart Kleßmann, Die deutsche Romantik, Köln 1996[6], S. 34.

78 Eckhart Kleßmann führt in seinem Buch *Die deutsche Romantik* zahlreiche Zitate dafür an, mit welcher Schärfe die Nachahmungstheorie auch in Romantikerkreisen diskutiert wurde. 1803 hatte Friedrich Schlegel, mit seinem Bruder August Wilhelm der wohl wichtigste Literatur- und Kunsttheoretiker des jungen Romantikerkreises, die Universalität Raffaels gepriesen und den Malern vorgeschlagen, seinem Vorbild zu folgen. »Eben deswegen ist es im höchsten Grade zu billigen, wenn ihn Maler der jetzigen Zeit ausschließend fast als vorzüglichsten Führer sich erwählen, weil er denn doch, wenn sie ihn und alle seine Werke und eigentliche Absicht nur recht verstehen wollten, sie unvermeidlich zur rechten Quelle zurückführen würde; zu der alten Schule nämlich, welche wir der neuern unbedingt vorzuziehen gar keine Bedenken tragen.«
Zwei Jahre später, die Romantik hat inzwischen ihre nationalen Wurzeln entdeckt, heißt es dann: »Möchten doch die Maler den wohlbedachten Grundsatz des alten Dürer beherzigen und zu dem ihren machen, der da sagte: ›Ich will gar nicht antikisch malen oder italisch, sondern ich will deutsch malen.‹« Und er empfiehlt »ganz und gar den alten Meistern zu folgen, besonders den ältesten, und das einzige Rechte und Naive so lange treulich nachzubilden, bis es dem Aug und Geiste zur andern Natur geworden wäre«. (Ebd. S. 21 f.)
Gegen theoretische Vorgaben wie diese wird vor allem in Künstlerkreisen zum Teil heftig polemisiert. Caspar David Friedrich formuliert sein Unbehagen an der rückwärtsgewandten Kunst der Nazarener, der vielleicht bedeutendsten Schule romantischer Malerei, wie folgt: »Dieses Bild von XX erinnert mich wieder an das schon oft Gesagte: daß, wenn

geahmten Bildwerk gerade das Entscheidende, die authentische künstlerische Erfahrung fehlt. »Wie kommt es, daß jedem einigermaßen gebildeten Sinn die bis zur Täuschung getriebenen Nachahmungen des sogenannt Wirklichen als im höchsten Grade unwahr erscheinen, ja den Eindruck von Gespenstern machen, indes ein Werk,

auch in unserer Zeit wiederum ein Raffael oder sonst ein ausgezeichneter Künstler wie die der Vorzeit aufstünde mit ebenso großen Naturanlagen und Fähigkeiten wie seine Vorgänger, er würde dennoch nicht wie jene malen. Seine Werke würden und müßten immer das Gepräge seiner Zeit an sich tragen, und der zweite Raffael würde also dennoch sehr verschieden von dem ersten in seinen Darstellungen sein, wenngleich beide einen Gegenstand behandelten. Darum ihr Herren von A bis Z, die ihr ewig Raffael und Michelangelo und andere mehr nachäfft, man wird eure Werke ebensowenig für eines dieser Meister erkennen als einen Affen für einen Menschen halten, wie er auch den Menschen nachahmt, wohl aber könnte man in Versuchung geraten, euch Herren für nicht viel mehr als für Affen zu halten. Darum werdet gescheit und prüfet und erkennt euch selbst und eure Zeit.« (Ebd. S. 75.)

Und schließlich gemahnt Heinrich von Kleist mit beissender Ironie an einen gesunden Realismus gegenüber den restaurativ-katholisierenden Tendenzen der nazarenischen Malerei: »Mein lieber Sohn, Du schreibst mir, daß du eine Madonna malst, und daß Dein Gefühl Dir, für die Vollendung dieses Werks, so unrein und körperlich dünkt, daß Du jedesmal, bevor Du zum Pinsel greifst, das Abendmahl nehmen möchtest, um es zu heiligen. Laß Dir von Deinem alten Vater sagen, daß dies eine falsche, Dir von der Schule, aus der Du herstammst, anklebende Begeisterung ist, und daß es, nach Anleitung unserer würdigen alten Meister, mit einer gemeinen, aber übrigens rechtschaffenen Lust an dem Spiel, Deine Einbildungen auf die Leinwand zu bringen, völlig abgemacht ist. Die Welt ist eine wunderliche Einrichtung; und die göttlichsten Wirkungen, mein lieber Sohn, gehen aus den niedrigsten und unscheinbarsten Ursachen hervor. Der Mensch, in dem der Begriff herrschend ist, ihn mit der vollen Kraft der Wahrheit ergreift, ja ihn erst in die echt wirkliche Welt versetzt? woher kommt es, wenn nicht aus dem mehr oder weniger dunkeln Gefühl, welches ihm sagt, daß der Begriff das allein Lebendige in den Dingen ist, alles andere aber wesenlos und eitler Schatten? [...] Hat nach der Bemerkung des trefflichen Kenners [gemeint ist Goethe] ein jedes Gewächs der Natur nur einen Augenblick der wahren vollendeten Schönheit: so dürfen wir sagen, daß es auch nur Einen Augenblick des vollen Daseins habe. In diesem Augenblick ist es, was es in der ganzen Ewigkeit ist: außer diesem kommt ihm nur ein Werden und ein Vergehen zu. Die Kunst, indem sie das Wesen in jenem Augenblick darstellt, hebt es aus der Zeit heraus; sie läßt es in seinem reinen Sein, in der Ewigkeit seines Lebens erscheinen.«[79]

Winckelmann habe dem abstrakten Postulat, der Künstler habe die Natur nachzuahmen nur eine weitere, noch weitaus diffizilere Abstraktion gegenübergestellt. »Der Gegenstand der Nachahmung wurde verändert, die Nachahmung blieb. An die Stelle der Natur traten die Werke des hohen Altertums, von denen die Schüler die äußere Form abzunehmen sich befleißigten, doch ohne den Geist, der sie erfüllet. Jene sind aber ebenso

um Dir ein Beispiel zu geben, das in die Augen springt, gewiß, er ist ein erhabenes Geschöpf; und gleichwohl, in dem Augenblick, da man ihn macht, ist es nicht nötig, daß man dies, mit vieler Heiligkeit, bedenke. Ja, derjenige, der das Abendmahl darauf nähme, und mit dem bloßen Gedanken, küßt, zweifelsohne einen Jungen zur Welt bringt, der nachher, auf rüstige Weise, zwischen Erde und Himmel herumklettert und den Philosophen zu schaffen gibt. Und hiermit Gott befohlen.« (Ebd. S. 73.)

79 Über das Verhältnis, a.a.O., S. 15.

unnahbar, ja sie sind noch unnahbarer als die Werke der Natur, sie lassen dich kälter noch als jene, wenn du nicht das geistige Auge hinzubringst, die Hülle zu durchdringen und die wirkende Kraft in ihnen zu empfinden.«[80]

Schelling ist sich durchaus der Pionierleistung Winckelmanns für die Weimarer Klassik und die Romantik bewußt. Er habe als erster die höchste Schönheit und Vollkommenheit der griechischen Skulptur erkannt. Aber er habe dabei versäumt zu zeigen, wie diese ideale Synthese der giechischen Skulptur zustandegekommen sei. »Wer kann sagen, daß Winckelmann die höchste Schönheit nicht erkannt? Aber sie erschien bei ihm nur in ihren getrennten Elementen, auf der einen Seite als Schönheit, die im Begriffe ist und aus der Schönheit fließt, auf der andern als die Schönheit der Formen. Welches tätig wirksame Band bindet nun aber beide zusammen, oder durch welche Kraft wird die Seele samt dem Leib, zumal und wie mit Einem Hauche, geschaffen? Liegt dieses nicht im Vermögen der Kunst, wie der Natur, so vermag sie überhaupt nichts zu schaffen. Dieses lebendige Mittelglied bestimmte Winckelmann nicht; er lehrte nicht, wie die Formen von dem Begriff aus erzeugt werden können. So ging die Kunst zu jener Methode über, die wir die rückschreitende nennen möchten, weil sie von der Form zu dem Wesen strebt. Aber so wird das Unbedingte nicht erreicht: durch bloße Steigerung des Bedingten wird es nicht gefunden. Darum zeigen solche Werke, die ihren Anfang von der Form genommen haben, bei aller Bildung von seiten der letzten als Merkmal ihres Ursprungs eine unausfüllbare Leere an eben der Stelle, wo wir das Vollendete, Wesent-

80 Ebd. S. 7.

liche, Letzte erwarten. Das Wunder, wodurch das Bedingte zum Unbedingten gehoben, das Menschliche ein Göttliches werden sollte, bleibt aus; der magische Kreis ist gezogen, aber der Geist, der sich in ihm fassen sollte, erscheint nicht, unfolgsam dem Rufe dessen, der eine Schöpfung durch die bloße Form für möglich hielt.«[81]

Ein ewiger Begriff, der im unendlichen Verstande entworfen ist

Schelling will diese theoretische Lücke schließen. Er will gedanklich tiefer als Winckelmann in den künstlerischen Produktionsprozeß eindringen und zeigen, daß das authentische Kunstwerk niemals »rückschreitend« von der »Form zum Wesen«, sondern immer nur umgekehrt, vom Begriff zu den Formen schreiten kann. Wie also treten Seele und Leib, Natur und Begriff, Kunst und Denken in eine Beziehung, so daß daraus das lebendige Kunstwerk entsteht? Wie kommt es zur Gestaltung des Stoffes durch die Idee?

Schelling geht die Beantwortung dieser Frage von zwei Seiten an. Zunächst fragt er nach der Gestaltung der Formen in der Natur. Worauf gehen die Formen, die der Künstler nach weitverbreiteter Ansicht abzubilden habe zurück? Und zweitens: Wie gestaltet der künstlerische Geist den Stoff und schafft damit die künstlerische Form? »Die Natur«, so führt er aus, »tritt uns überall zuerst in mehr oder weniger harter Form und Verschlossenheit entgegen. Sie ist wie die ernsthafte und stille Schönheit, die nicht durch schreiende Zeichen die Auf-

81 Ebd. S. 8.

merksamkeit reizt, nicht das gemeine Auge anzieht. Wie können wir jene scheinbar harte Form geistig gleichsam schmelzen, daß die lautre Kraft der Dinge mit der Kraft unseres Geistes zusammenfließt, und aus beiden nur Ein Guß wird? Wir müssen über die Form hinausgehen, um sie selbst verständlich, lebendig und als wahrhaft empfundene wiederzugewinnen. Betrachtet die schönsten Formen, was bleibt übrig, wenn ihr das wirkende Prinzip aus ihnen hinweggedacht habt? Nichts als lauter unwesentliche Eigenschaften, dergleichen Ausdehnung und räumliches Verhältnis sind. Daß ein Teil der Materie neben und außer dem andern ist, trägt dies irgend etwas zu seiner innern Wesenheit bei, oder trägt es vielmehr gar nichts bei? Offenbar das letzte. Nicht das Nebeneinandersein macht die Form, sondern die Art desselben: diese aber kann nur durch eine positive, dem Außereinander vielmehr entgegenwirkende, Kraft bestimmt sein, welche die Mannigfaltigkeit der Teile der Einheit eines Begriffs unterwirft, von der Kraft an, die im Kristall wirkt, bis zu der, welche wie ein sanfter magnetischer Strom in menschlichen Bildungen den Teilen der Materie eine solche Stellung und Lage untereinander gibt, durch welche der Begriff, die wesentliche Einheit und Schönheit sichtbar werden kann.«[82]

»Jedem Ding«, so heißt es wenig später, »stehet ein ewiger Begriff vor, der in dem unendlichen Verstande entworfen ist«[83] und dieser gehe durch die »schaffende Wissenschaft«, welche mit dem unendlichen Verstande verbunden sei in die Verkörperung über. Die Naturerscheinungen haben ihren Ursprung in der Tätigkeit des

82 Ebd. S. 11 f.
83 Ebd. S. 13.

unendlichen Verstandes. An anderer Stelle hatte Schelling geschrieben, daß das Denken nicht unser Denken, und das Sein nicht unser Sein sei.[84] Eigentlich denken wir nach Schelling nicht einmal selbst, sondern: »Es denkt in uns, es wird in uns gedacht.«[85] Die Naturformen entspringen einem absoluten Denken, einem absoluten Verstand, der nun aber – und das ist die spezifische Differenz der Philosophie Schellings zur platonischen Tradition – als ein unbewußter Verstand, als eine aus unbewußten Begriffen schöpfende Seele angesehen wird. »Die Wissenschaft, durch welche die Natur wirkt, ist freilich keine der menschlichen gleiche, die mit der Reflexion ihrer selbst verknüpft wäre: in ihr ist der Begriff nicht von der Tat, noch der Entwurf von der Ausführung verschieden. Darum trachtet die rohe Materie gleichsam blind nach regelmäßiger Gestalt, und nimmt unwissend rein stereometrische Formen an, die doch wohl dem Reich der Begriffe angehören und etwas Geistiges sind im Materiellen. Den Gestirnen ist die erhabenste Zahl- und Meßkunst lebendig eingeboren, die sie, ohne einen Begriff derselben, in ihren Bewegungen ausüben. Deutlicher, obwohl ihnen selbst unfaßlich, erscheint die lebendige Erkenntnis in den Tieren, welche wir darum, wandeln sie gleich besinnungslos dahin, unzählige Wirkungen vollbringen sehen, die viel herrlicher sind als sie selbst: den Vogel, der von Musik berauscht in seelenvollen Tönen sich selbst übertrifft, das kleine kunstbegabte Geschöpf, das ohne Übung und Unterricht leichte Werke der Architektur vollbringt, alle aber geleitet von

84 Zitiert nach Franz Josef Wetz, Friedrich W. J. Schelling zur Einführung, Hamburg 1996, S. 109.
85 Ebd. S. 121.

einem übermächtigen Geist, der schon in einzelnen Blitzen von Erkenntnis leuchtet, aber noch nirgends als die volle Sonne, wie im Menschen, hervortritt.«[86]

In Centro

Der »unendliche Verstand« ist ein unbewußt wirkendes Wesen, das erst im menschlichen Verstand zur Selbsterkenntnis und zum Selbstbewußtsein kommt. Der Mensch aber ist das Ziel dieses unendlichen Denkens, denn in ihm erfüllt sich auf eine bewußte Weise, was in der Natur nur traumwandlerisch geschieht. Schelling begreift das Universum – ein Leitbegriff der frühen Romantik – als einen Organismus, den der unbewußte Verstand zur Schöpfung des Menschen schuf. Selbst die sogenannte tote Materie, das »Dunkelste aller Dinge, ja das Dunkel selbst« wird bei Schelling in gewisser Weise lebendig, es ist eine »schlafende, gleichsam vor Endlichkeit trunkene Tier und Pflanzenwelt, die ihre Auferstehung noch erwartet oder den Moment derselben versäumt hat«.[87] Der Mensch als das Ziel der Entwicklung »ist nicht nur in Centro, sondern ist zugleich das Centrum selbst [...]; alle Bewegungen der großen und der kleinen Natur sind in ihm konzentriert, alle Formen der Wirklichkeit, alle Qualitäten der Erde und des Himmels. Er ist mit einem Wort das Weltsystem, die Fülle der unendlichen Substanz im Kleinen = der zusammengezogene, der Mensch gewordene Gott.«[88]

86 Über das Verhältnis, a.a.O., S. 12.
87 Zitiert nach: Wetz, a.a.O., S. 117.
88 Ebd. S. 118 f.

An diesem Gedanken hält Schelling bis in seine Spätphilosophie fest. In der Darstellung des Naturprozesses von 1843/44 wird es heißen: »Wir müssen freilich annehmen, daß die Erde der Entstehungspunkt für den Menschen ist – warum, das wissen wir nicht, es geht in Verhältnisse zurück, die wir nicht übersehen, aber der Mensch ist darum nicht speziell ein Produkt der Erde – er ist ein Produkt des ganzen Prozesses –, nicht der Erde allein, das ganze Weltall ist bei ihm beteiligt, und wenn aus der Erde, so ist er, um auf dem bisherigen Standpunkt fortzureden, doch nicht ausschließlich für sie, er ist für alle Sterne, denn er ist für das Weltall, als Endzweck des Ganzen erschaffen.«[89] Und schließlich, der Stern des deutschen Idealismus und der frühen Romantik ist bereits Jahrzehnte erloschen und Schelling hat seine Wende zum Katholizismus bereits lange vollzogen, schreibt er in den zwischen 1847 und 1852 entstandenen *Vorlesungen über die Philosophie der Mythologie*: »Allerdings ist der Mensch das Ziel und in diesem Sinn alles des Menschen wegen. Ein Letztes soll erreicht werden, aber dies schließt nicht aus, daß es anderem Raum lasse; vielmehr, je breiter die Basis, über die es sich erhebt, desto mehr leuchtet seine Einzigkeit hervor.«[90]

89 Ebd. S. 68.
90 Ebd.

Daß in der Kunst nicht alles mit dem Bewußtsein ausgerichtet wird

Schelling findet den Ursprung der Natur in den unbewußten Schöpfungen eines unendlichen Verstandes. Die Gestaltungen der Natur entspringen – hier zeigen sich deutlich Einflüsse Plotins – einer unbewußten, naturschaffenden Imagination. Aber diese ist keineswegs nur auf die Natur beschränkt. So wie das Denken des Menschen Teil eines allgemeinen Denkens ist, so reproduziert sich die unbewußte Imagination des absoluten Verstandes in den tieferen Schichten des künstlerischen Bewußtseins. Jahrzehnte bevor in den psychoanalytischen Untersuchungen Freuds und in der surrealistischen Bewegung erkannt wird, daß das sogenannte Unterbewußte, der Traum und die unbewußte Imagination maßgebliche Faktoren des künstlerischen Arbeitsprozesses sind, weist Schelling (ganz im Sinne der Frühromantik) auf dieses Faktum hin. Glücklich sei derjenige Künstler zu nennen, dem die Götter diesen schaffenden Geist verliehen hätten, denn schon längst habe man erkannt, »daß in der Kunst nicht alles mit dem Bewußtsein ausgerichtet wird«. »Schon längst ist eingesehen worden, [...] daß mit der bewußten Tätigkeit eine bewußtlose Kraft sich verbinden muß, und daß die vollkommne Einigkeit und gegenseitige Durchdringung dieser beiden das Höchste der Kunst erzeugt. Werke, denen dies Siegel bewußtloser Wissenschaft fehlt, werden durch den fühlbaren Mangel an selbständigem, von dem Hervorbringenden unabhängigem Leben erkannt, da im Gegenteil, wo diese wirkt, die Kunst ihrem Werk mit der höchsten Klarheit des Verstandes zugleich jene unergründliche Realität erteilt, durch die es einem Naturwerk ähnlich erscheint.«[91]

Schelling nennt die intuitiv-gestaltenden Kräfte der Natur »bewußtlose Wissenschaft« und deutet damit an, daß es Gestaltungskräfte gibt, die höchst präzise und künstlerisch arbeiten, ohne daß ihnen Bewußtheit anhaftet. Die Natur schafft einen Körper mit intuitiver Präzision. Ohne durch das Bewußtsein oder die Reflexion abgelenkt oder gestört zu werden, ist es reine Intuition. In ihr sieht Schelling den Ursprung der Natur und des Kunstwerks. Das Genie des Künstlers besteht darin, diese unbewußten Gestaltungskräfte des Verstandes freizulegen und mit ihnen zu arbeiten. Würde sich seine Tätigkeit jedoch nur auf diese unbewußte Tätigkeit beschränken, so brächte er nichts anderes als die Natur selbst hervor. Das Ziel künstlerischer Produktion ist es aber, die unbewußte Imagination mit den bewußten Kräften des Verstandes zu verbinden. Nur dann, so Schelling, entsteht das künstlerische Werk.

»In allen Naturwesen zeigt sich der lebendige Begriff nur blind wirksam: wäre er es auf dieselbe Weise im Künstler, so würde er sich von der Natur überhaupt nicht unterscheiden. Wollte er sich aber mit Bewußtsein dem Wirklichen ganz unterordnen und das Vorhandene mit knechtischer Treue wiedergeben: so würde er wohl Larven hervorbringen, aber keine Kunstwerke. Er muß sich also vom Produkt oder vom Geschöpf entfernen, aber nur um sich zu der schaffenden Kraft zu erheben und diese geistig zu ergreifen. Hiedurch schwingt er sich in das Reich reiner Begriffe; er verläßt das Geschöpf, um es mit tausendfältigem Wucher wiederzugewinnen, und in

91 Über das Verhältnis, a.a.O., S. 13.

diesem Sinn allerdings zur Natur zurückzukehren. Jenem im Innern der Dinge wirksamen, durch Form und Gestalt nur wie durch Sinnbilder redenden Naturgeist soll der Künstler allerdings nacheifern, und nur sofern er diesen lebendig nachahmend ergreift, hat er selbst etwas Wahrhaftes erschaffen. Denn Werke, die aus einer Zusammensetzung auch übrigens schöner Formen entstünden, wären doch ohne alle Schönheit, indem das, wodurch nun eigentlich das Werk oder das Ganze schön ist, nicht mehr Form sein kann. Es ist über die Form, ist Wesen, Allgemeines, ist Blick und Ausdruck des inwohnenden Naturgeistes.«[92]

Niobe

Schelling wehrt sich gegen eine Kunstauffassung, in der Schönheit und Erhabenheit gleichsam voraussetzungslos erscheinen. Er weist mit besonderer Emphase darauf hin, daß sich der bildende Künstler zunächst ganz der Natur mit all ihren Schattenseiten zuwenden müsse, wenn er die Vollkommenheit des Werkes erreichen will. »Wie die ganze Schöpfung ein Werk der höchsten Entäußerung ist, so muß der Künstler zuerst sich selbst verleugnen und ins Einzelne hinabsteigen, die Abgeschiedenheit nicht scheuend, noch den Schmerz, ja die Pein der Form [...] Hier gilt es mit dem schaffenden Naturgeist, der auch in der Menschenwelt Charakter und Gepräge in unergründlicher Mannigfaltigkeit austeilt, zu ringen, nicht in schlaffem und weichlichem, sondern in starkem und mutigem Kampf. Anhaltende

92 Ebd. S. 13 f.

Übung der Erkenntnis desjenigen, wodurch das Eigentümliche der Dinge ein Positives ist, muß ihn vor Leerheit, Weichheit, innerer Nichtigkeit bewahren, eh' er es wagen darf, durch immer höhere Verbindung und endliche Verschmelzung mannigfaltiger Formen die äußerste Schönheit in Bildungen von höchster Einfalt bei unendlichem Inhalt erreichen zu wollen.«[93]

Er solle die Leidenschaften, von denen der Klassizismus verlangt, daß sie so weit wie möglich gemäßigt werden, »damit die Schönheit der Form nicht verletzt werde«, deutlich zeigen, denn die Schönheit erscheine erst dadurch als solche, daß sie der Elementarkraft der Leidenschaft die um so größere Anstrengung ihrer Mäßigung entgegensetzt. »Die Kräfte der Leidenschaften müssen sich also wirklich zeigen, es muß sichtbar sein, daß sie sich gänzlich empören könnten, aber durch die Gewalt des Charakters niedergehalten werden, und an den Formen festgegründeter Schönheit wie Wellen eines Stromes sich brechen, der seine Ufer eben anfüllt, aber nicht überschwemmen kann. Sonst möchte jenes Unternehmen der Mäßigung nur dem seichter Moralisten gleichen, welche, um mit dem Menschen fertig zu werden, lieber die Natur in ihm verstümmeln und alles Positive aus den Handlungen so rein hinweggenommen haben, daß das Volk sich an dem Schauspiel großer Verbrechen weidet, um sich noch durch den Anblick von irgend etwas Positivem zu erquicken.«[94]

Schelling erwähnt die Niobe-Gruppe in den florentinischen Uffizien, in der sich diese Gewalt der Leidenschaft und die Kraft der Mäßigung, mit der der Mensch

93 Ebd. S. 17 f.
94 Ebd. S. 23.

sich ihr entgegenstellt, in idealer Weise zeige. Hesiods *Theogonie* beschreibt, wie Niobe sich ihres Kinderreichtums rühmend sich dadurch über Leto stellt. Apollon und Artemis, die Kinder der Leto, töten daraufhin die Kinder der Niobe mit giftigen Pfeilen. Niobe wird zum Berg Sipylon entrückt und in Stein verwandelt. Die florentiner Gruppe hält den Moment fest, in dem ihre Kinder von den giftigen Pfeilen Apolls und der Artemis getroffen werden. Schelling: »Alle Mittel der Kunst, wodurch auch das Schreckliche gemäßigt wird, sind hier in Wirkung gesetzt. Mächtigkeit der Formen, sinnliche Anmut, ja die Natur des Gegenstandes selbst lindert den Ausdruck dadurch, daß der Schmerz, allen Ausdruck übertreffend, ihn selbst wieder aufhebt, und die Schönheit, welche lebendig zu retten unmöglich schien, durch die eintretende Erstarrung vor Verletzung bewahrt wird. Was wäre dennoch alles ohne die Seele, und wie offenbaret sich diese? Wir sehen auf dem Antlitz der Mutter nicht den Schmerz allein über die schon hingestreckte Blüte der Kinder, nicht die Todesangst allein um die Rettung der noch übrigen und der jüngsten, in ihren Schoß sich flüchtenden Tochter, nicht Unwillen gegen die grausamen Gottheiten, am wenigsten, wie vorgegeben wird, kalten Trotz; wir sehen jenes alles, aber nicht für sich, sondern durch Schmerz, Angst und Unwillen strahlt wie ein göttliches Licht die ewige Liebe als das allein Bleibende, und in dieser bewähret sich die Mutter, als eine solche, die es nicht war, die es *ist*, die durch ein ewiges Band mit den Geliebten verknüpft bleibt.«[95]

95 Ebd. S. 27 f.

Werkzeug der Offenbarung

Der Geist der Natur ist der menschlichen Seele nicht fremd. Schelling richtet sich pointiert gegen die alte pythagoreisch-platonische Anschauung der Natur als dem Feind der Seele. Die Natur ist der Seele nicht fremd, sondern sie ist das »Werkzeug ihrer Offenbarung«. »Alle andern Geschöpfe sind von dem bloßen Naturgeist getrieben, und behaupten durch ihn ihre Individualität; im Menschen allein als im Mittelpunkt geht die Seele auf, ohne welche die Welt wie die Natur ohne die Sonne wäre. Die Seele ist also im Menschen nicht das Prinzip der Individualität, sondern das, wodurch er sich über alle Selbstheit erhebt, wodurch er der Aufopferung seiner selbst, uneigennütziger Liebe, und, was das Höchste ist, der Betrachtung und Erkenntnis des Wesens der Dinge, eben damit der Kunst, fähig wird.«[96]

Beide, Natur und Seele, finden im idealen Kunstwerk ihre Vollendung. Hier erscheinen sie nicht mehr getrennt. Hier verbindet sich die natürliche Anmut und Schönheit, mit der Schönheit der Seele, ohne daß von der einen oder der anderen Seite irgendein Zwang ausgeübt wird. »Denn weil sich der Naturgeist sonst überall als von der Seele unabhängig, ja gewissermaßen ihr widerstrebend zeigt, so scheint er hier wie durch eine freiwillige Übereinstimmung und wie durch das innere Feuer göttlicher Liebe mit der Seele zu verschmelzen; den Beschauenden überfällt mit plötzlicher Klarheit die Erinnerung von der ursprünglichen Einheit des Wesens der Natur mit dem Wesen der Seele: die Gewißheit, daß

96 Ebd. S. 24f.

Statue der Niobe.
Florenz, Galleria
degli Uffizi

aller Gegensatz nur scheinbar, die Liebe das Band aller Wesen, und reine Güte Grund und Inhalt der ganzen Schöpfung ist.«[97]

Das Streben der Philosophie

Die Kunst ist die bildhafte, Erscheinung gewordene Seite der absoluten »werktätigen Wissenschaft«. Die Natur als Kunstwerk wird ebenso durch sie geschaffen, wie die Kunst. Was in der Philosophie wie im »absoluten Verstande« nur rudimentär, also in begrifflicher Weise erscheinen kann, das zeigen Natur und Kunst in lebenerfüllter, sinnlich präsenter Wirklichkeit. Daher erfüllt sich in der Kunst zugleich auch das Streben der Philosophie. Kunst ist die äußere, in Erscheinung tretende, philosophische Wissenschaft. Die »Philosophie der Kunst ist notwendiges Ziel des Philosophen, der in dieser das innere Wesen seiner Wissenschaft wie in einem magischen und symbolischen Spiegel schaut«.[98]

Auch in der Münchener Akademierede von 1807 klingt noch etwas von der Emphase des fünfundzwanzigjährigen Schelling nach, der sieben Jahre zuvor im *System des transzendentalen Idealismus* das Ende der Philosophie und ihr Aufgehen in einer neuen Poesie herannahen sah: »Wenn es nun aber die Kunst allein ist, welcher das, was der Philosoph nur subjektiv darzustellen vermag, mit allgemeiner Gültigkeit objektiv zu ma-

97 Ebd. S. 29.
98 Vorlesungen über die Methode des akademischen Studiums, 1803. Zitiert nach Peter Szondi, Poetik und Geschichtsphilosophie I, Frankfurt/M. 1980³, S. 223.

chen gelingen kann, so ist es, um noch diesen Schluß daraus zu ziehen, zu erwarten, daß die Philosophie, so wie sie in der Kindheit der Wissenschaft von der Poesie geboren und genährt worden ist, und mit ihr alle diejenigen Wissenschaften, welche durch sie der Vollkommenheit entgegengeführt werden, nach ihrer Vollendung als ebensoviel einzelne Ströme in den allgemeinen Ozean der Poesie zurückfließen, von welchem sie ausgegangen waren.«[99]

Schellings frühe Philosophie gibt damit der Kunst einen erkenntnistheoretischen Stellenwert, den sie bis dahin niemals innehatte. Künstlerische Erkenntnis wird zum Synonym für Erkenntnis überhaupt. In der Kunst erfüllt sich das ideale Streben der Naturkräfte ebenso wie das begriffliche Streben der philosophischen Wissenschaft. Der Urgrund der Natur, das teleologische Bedürfnis eines unbewußten schöpferischen Verstandes nach Vollkommenheit erfüllt sich in der künstlerischen Tätigkeit des Menschen und in seinem Produkt, der Kunst.

99 Zitiert nach Lucia Sziborsky. In: Friedrich W. J. Schelling, Über das Verhältnis der bildenden Künste zu der Natur, a.a.O., S. XIV.

Novalis

Die Seele von Jena

Das philosophische Werk Georg Friedrich Philipp von Hardenbergs[100] (1772–1801), das neben den Fragmentsammlungen *Blüthenstaub* und *Glauben und Liebe* von 1798 vor allem in handschriftlichen Aufzeichnungen – den *Fichte-Studien* von 1795/96, den *Hemsterhuis-* und *Kant-Studien* von 1797 und dem *Allgemeinen Brouillon* von 1798/99 – überliefert ist, ist wie das seiner Zeitgenossen Schelling, Hegel und Hölderlin zunächst deutlich durch die Philosophie Fichtes geprägt. Fichte war im Jahre 1792 über Nacht zu einer neuen philosophischen Größe in Deutschland avanciert. Besonders die Umstände seines schnellen Aufstiegs hatten die Gemüter erhitzt. Seit langem schon erwartete die an der Philosophie interessierte Öffentlichkeit in Deutschland eine Religionskritik des bedeutendsten zeitgenössischen Philosophen Immanuel Kant. Als nun im Jahre 1792 außerhalb Königsbergs eine philosophische Schrift mit dem Titel *Versuch einer Kritik aller Offenbarung* anonym erschien, ging man allgemein davon aus, daß sich hinter ihr der Königsberger Philosoph verbarg. Kants Dementi und die Preisgabe des Namens eines von ihm geförder-

100 Der Name »Novalis« erscheint erstmals mit der Veröffentlichung der philosophischen Fragmente *Blüthenstaub* in der ersten Nummer der von Friedrich Schlegel herausgegebenen Zeitschrift *Athenäum* im April 1798. Seine Bedeutung wird von Gerhard Schulz mit »der Neuland Bestellende« übersetzt. Gerhard Schulz, Novalis, Reinbek 1996[13], S. 7.

ten, bis dahin aber völlig unbekannten Philosophen war eine Sensation und begründete über Nacht Fichtes Ruhm. 1794 wird Fichte auf den vakanten Lehrstuhl des Kantianers K. L. Reinhold an die Universität Jena berufen, wo Novalis mehrfach seine Kollegien besucht und es im Hause Niethammers zur persönlichen Begegnung mit dem Philosophen kommt.

Fichtes Philosophie, insbesondere seine *Wissenschaftslehre*, die er in den Jahren nach der Veröffentlichung der *Kritik der Offenbarung* in immer neuen Anläufen formuliert, findet ihren Ausgangspunkt in der kritischen Philosophie Immanuel Kants. Dieser hatte unter anderem gezeigt, daß menschliche Erkenntnis nur unter der Bedingung möglich ist, daß dem erkennenden Bewußtsein die eigene Gedankentätigkeit stets bewußt ist. In Anlehnung an Leibnitz hatte er diese Synthesefähigkeit des Bewußtseins die »synthetische Einheit der Apperzeption«[101] genannt. Sie garantiert die Einheit unseres Bewußtseins und damit unseres Ich-Vermögens, das sich so in allen seinen Wahrnehmungen als Sichselbstgleiches Bewußtsein erfährt. Die synthetische Einheit der Apperzeption geht unseren Verstandesleistungen voraus, bleibt selbst ihrer Struktur nach aber unerkennbar. Kant schreibt, daß alle Versuche, sie erkennen zu wollen, in einem *circulus in probando*, einer Reflexion, in der das zu Erkennende immer schon die Grundlage der Erkenntnis bildet, enden. Damit ist Fichte nicht einverstanden. Er versucht den Zirkelschluß dadurch zu vermeiden, daß er die synthetische Einheit der Apperzeption als ein apriorisches (voraussetzungs-

101 Vgl. Friedrich Kaulbach, Immanuel Kant, Berlin/New York 1982, S. 140.

loses) Element unseres Verstandes beschreibt. All unserem Erkennen liegt ein absolutes Erkenntnissubjekt zugrunde. Fichte gibt ihm den Namen »das Ich«. Dieses begleitet nun aber nicht mehr nur wie bei Kant unsere Erkenntnis, sondern Fichte sagt, daß es unsere Erkenntnis überhaupt erst schafft.

Reflektiert das Ich auf sich selbst, so findet es in sich zwei Dinge: sich selbst und das Andere, Subjekt und Objekt, Ich und Nicht-Ich. Fichte läßt aber die objektive Seite des Erkenntnisprozesses nicht als das grundsätzlich andere und Fremde stehen, sondern nimmt das Objekt mit in das Subjekt hinein. Das Ich findet im anderen nichts Fremdes, sondern das Andere ist, wie Fichte sagt, ebenfalls durch das Ich »gesetzt«. Das ursprüngliche Ich spaltet sich in Ich und Nicht-Ich, weshalb das menschliche Selbstbewußtsein der ursprüngliche Produzent aller Erkenntnisphänomene ist.

»Alles, was ist«, so Fichte, »ist nur insofern, als es im Ich gesetzt ist, und ausser dem Ich ist nichts.«[102] Wie aber erklärt sich dann unsere durch nichts zu erschütternde Vorstellung von einer von uns unabhängigen Außenwelt? Fichte beantwortet diese Frage mit dem Verweis auf die »produktive Einbildungskraft«. »Das absolute Ich schaut eine gegenständliche Welt, sieht sich aber nicht in seinem Schauen. Da es sich auf diese Weise der Hervorbringung des Nicht-Ich nicht bewußt ist, erfährt es sich als vom Nicht-Ich bestimmt und hält deshalb die Gegenstände der bewußten Erkenntnis für bewußtseinsunabhängige Dinge an sich.«[103] Fichte: »Daher unsere feste Über-

102 Zitiert nach F. J. Wetz, Friedrich W. J. Schelling zur Einführung, Hamburg 1996, S. 24.
103 Ebd. S. 25.

zeugung von der Realität der Dinge außer uns, und ohne alles unser Zuthun, weil wir uns des Vermögens ihrer Produktion nicht bewußt werden.«[104]

Da aber die gesamte objektive Welt und mit ihr insbesondere die Natur von den unbewußten Bildekräften des Absoluten Ich geschaffen wird, muß sie auch für das subjektive Ich eine besondere Bedeutung haben. Warum schafft sich das absolute Ich eine objektive Welt, warum bleibt es nicht bei sich? Fichte beantwortet diese Frage mit dem menschlichen Freiheitsdrang und dem Ziel seiner Bewußtwerdung. Das Ich schafft sich in seinem Gegenüber einen Widerstand, an dem es seine Freiheit und seine bewußte Selbsttätigkeit beweisen kann. Gäbe es diesen Widerstand nicht, so wäre der Mensch ohne Selbstbewußtsein – ein Tier. Menschliche Freiheit und Sittlichkeit sind nur dann möglich, wenn es Kräfte gibt, die dieser Sittlichkeit widerstreben. Und diese Kräfte sind die die menschliche Freiheit einschränkenden und tendenziell bedrohenden Kräfte der Natur.

»Es ist im Wesen des Menschen gegründet«, schreibt er in der Abhandlung *Von der Sprachfähigkeit und dem Ursprung der Sprache* von 1795, »daß er sich die Naturkraft zu unterwerfen sucht. [...] Er wird von allen Seiten arbeiten, die feindselige Natur zu bezwingen, und wo er das nicht kann, wird er sie scheuen. [...] In diesem Verhältnisse steht der Mensch mit der belebten und leblosen Natur: er geht darauf aus, sie nach seinen Zwekken zu modificiren; aber diese widerstrebt der Einwirkung, und nimmt oft genug sie gar nicht an. Daher sind wir mit der Natur in stetem Kampfe, sind bald Sieger,

104 Ebd.

bald Besiegte, – unterjochen oder fliehen.«[105] Jahre später, in der Schlußvorlesung der *Staatslehre* von 1813, wird der Gedanke noch einmal radikalisiert. Die Idee des Kampfes mit der Natur und der Naturunterwerfung wird nun von der christlich-eschatologischen Vorstellung einer Überwindung der Natur abgelöst: »Es kann nicht fehlen, daß [...] das ganze Menschengeschlecht auf der Erde umfaßt werde durch einen einzigen innig verbundenen christlichen Staat, der nun nach einem gemeinsamen Plan besiege die Natur und dann betrete die höhere Sphäre eines anderen Lebens.«[106]

Unbekannte Operationen

Der Furor und die moralische Energie und Integrität, mit denen Fichte in Jena vor die akademische Öffentlichkeit tritt, müssen außerordentlich gewesen sein. »Fichte«, so schreibt Hölderlin begeistert im November 1794 an seinen Freund Neuffer, »ist jetzt die Seele von Jena. Und gottlob! daß ers ist. Einen Mann von solcher Tiefe und Energie des Geistes kenn ich sonst nicht. In den entlegensten Gebieten des menschlichen Wissens die Prinzipien dieses Wissens und mit ihnen die des Rechts aufzusuchen und zu bestimmen und mit gleicher Kraft des Geistes die entlegensten, kühnsten Folgerungen aus diesen Prinzipien zu denken und trotz der Gewalt der Finsternis sie zu schreiben und vorzutragen, mit einem Feuer

105 Zitiert nach: Dennis F. Mahoney, Die Poetisierung der Natur bei Novalis. Beweggründe, Gestaltung, Folgen, Bonn 1980, S. 16.

106 Zitiert nach: Hirschberger, Bd. 2, a.a.O., S. 375.

und einer Bestimmtheit, deren Vereinigung mir Armen ohne dies Beispiel vielleicht ein unauflösliches Problem geschienen hätte – dies, lieber Neuffer! ist doch gewiß viel und ist gewiß nicht zu viel gesagt von diesem Manne. Ich hör ihn alle Tage. Sprech ihn zuweilen.«[107]

Auch Novalis, zunächst ein glühender Anhänger Kants, ist von der Philosophie Fichtes fasziniert. Vor allem seine Lösung des Problems der Verbindung von Innen- und Außenwelt zieht ihn an. Kant hatte in seinen Schriften zur theoretischen Philosophie die Natur physikalisch gedeutet und seine Prinzipien der Gegenstandserkenntnis waren durch und durch mechanistisch gedacht. Hier wurde der Natur nur all zu offensichtlich ein Raster übergestülpt. Die berühmte Kantische Idee, nach der wir selbst es sind, die eine für uns grundsätzlich unergründbare Außenwelt nach unseren eigenen Mustern deuten, hat für Novalis einen unangenehmen szientistischen Beigeschmack. Kant selbst hatte eingesehen, daß die Natur der wissenschaftlichen Vernunft verschlossen bleiben mußte, und so kam er zu der unbefriedigenden Aufspaltung der Erkenntnis in eine Welt der Dinge für uns und der Dinge an sich.

Bei Fichte taucht diese unbefriedigende Abstraktion erst gar nicht auf. Er sieht in der Außenwelt nichts grundsätzlich Fremdes, sondern sie ist ein Teil unseres transzendentalen Ich. Eine Wirklichkeit, die wir selbst schaffen und die nur auf den ersten Blick ein von uns unabhängiges Leben besitzt. Hier setzt Novalis an.

107 Zitiert nach: Novalis, Werke, Tagebücher und Briefe Friedrich von Hardenbergs. Hrsg. von Hans Joachim Mähl und Richard Samuel, Darmstadt 1978ff, Band III, Kommentarband Hans Jürgen Balmes, S. 284.

Wenn, wie Fichte sagt, die Natur eine unbewußte Projektion unserer eigenen Vorstellungskräfte ist, so kann sie nicht ganz so fremd sein, wie Kant sie beschreibt. Im Gegenteil. Als solche wäre sie unser Produkt und ihre Schöpfungen wären unsere Schöpfungen, womit die grundlegende Entfremdung zur Natur – zumindest zunächst einmal transzendentalphilosophisch – aufgehoben wäre. Und doch folgt Novalis – wie man später noch genauer sehen wird – auch Fichte nicht ganz. Zwar ist er mit ihm der Überzeugung, daß wir mit der Natur enger verbunden sind, als Kant meint. Sie aber als eine perfide Form der Illusion zu begreifen, wie es Fichtes Denken, wenn man es konsequent zu Ende führt, nahelegt, geht ihm doch zu weit. Auch lehnt er Fichtes Vorstellung, daß wir uns mit der Natur in einem Kampf befinden, entschieden ab. Sein Verhältnis zur Natur ist poetischer und nicht wie bei Fichte prosaischer Natur. Bei Novalis wird aus dem Fichteschen Ich, das der Natur zugrunde liegen soll, ein Du. Er sieht in ihr weder eine dunkle, aus den unbewußten Untergründen unseres Ichs hervorsteigende Macht, noch den toten Mechanismus, als den die Aufklärung sie begreift. Sie ist unser Gegenüber, etwas anderes, aber doch so beschaffen, daß wir mit ihr durch eine innere Verwandschaft verbunden sind.

Aber auch gegenüber Schellings Vorstellung, der die Natur als ein Abbild der im Geist schon existierenden Harmonie begreift, grenzt sich Novalis ab. Sie ist ihm, bei aller philosophischen Nähe zu Schelling, zu abstrakt. Er setzt ihr einen Naturbegriff entgegen, der erkenntnisoffener ist und in manchem an Kants Philosophie erinnert, gleichzeitig die Begegnung mit der Natur aber auch in einem Fichteschen Sinne als unsere Aufgabe, als ein poetisches Programm für das Wirken des Menschen begreift.

Kant hatte gezeigt, daß wir, wenn wir etwas betrachten, es gleichzeitig auch erzeugen. Wir bilden also nie etwas nur ab, wie der englische Empirismus glaubte, sondern es bedarf der Spontaneität unseres Verstandes, um den Begriff eines Dinges zu erzeugen. Diese Fähigkeit nennt Kant die »produktive Einbildungskraft«. Novalis stimmt damit generell überein. Das, was wir betrachten, ist ein Produkt unserer Einbildungskraft. Wir nehmen es nicht nur wahr, wir stellen es zugleich auch her. Und doch gibt es auch hier wieder einen entscheidenden Unterschied zu Kant. Kant hatte die produktive Einbildungskraft eher mechanistisch begriffen, als theoretische Vernunft, die die für uns unerkennbaren Dinge der Außenwelt ordnet und schematisiert. Bei Novalis wird sie poetisiert. Er will mit Kant gleichsam über Kant hinaus. Und dieses Hinausgehen soll dadurch möglich werden, daß wir unseren Verstand nicht als ein Räderwerk begreifen, sondern als eine nur dem Menschen eigene, ursprüngliche schöpferische Phantasie. Bei Kant und auch bei Fichte erscheine die Natur als eine »versteinerte Zauberstadt«[108], eine verdinglichte Welt, die aber durch eine Technik, die Novalis »romantisieren« nennt, entzaubert werden kann. »Die Welt muß romantisiert werden. So findet man den ursprünglichen Sinn wieder. Romantisieren ist nichts als eine qualitative Potenzierung. Das niedre Selbst wird mit einem bessern Selbst in dieser Operation identifiziert. So wie wir selbst eine solche qualitative Potenzreihe sind. Diese Operation ist noch ganz unbekannt. Indem ich dem Gemeinen einen hohen Sinn, dem Gewöhnlichen ein Geheimnisvolles Ansehen, dem Bekannten die Würde des Unbe-

108 Zitiert nach: Mahoney, a.a.O., S. 74.

kannten, dem Endlichen einen unendlichen Schein gebe, so romantisiere ich es.«[109]

Novalis meint mit »romantisieren« aber keineswegs, wie es hier vielleicht den Anschein haben könnte, eine poetische »Verklärung« der Welt. Umgekehrt. Er sieht in ihrer »Entzauberung« durch den Rationalismus keinen Fortschritt, sondern einen Rückschritt. Der Rationalismus »versteinert« den Zauber. Er verkennt, daß mit der »Entzauberung« keine Steigerung der Erkenntnisfähigkeit, sondern ihre Verarmung verbunden ist. »Qualitative Potenzierung« meint daher nicht, etwas Banales in einem besseren Licht erscheinen zu lassen, als es wirklich ist, wie es ja der Kunst noch heute zuweilen vorgeworfen wird, sondern es heißt, den Dingen wieder ihren ursprünglichen Zauber zurückzugeben, den sie allein schon dadurch besitzen, daß sie so sind, wie sie sind.

Novalis ist mit Kant der Überzeugung, daß erst wir den Dingen ihren Sinn geben. Auch für ihn bleibt ein unergründlicher Rest, der dem Verstande unzugänglich ist. Daher ist das Geheimnisvolle für unseren Verstand und unsere Einbildungskraft von großer Produktivität. Rationalisieren wir die Dinge, so banalisieren wir sie. Steigern wir sie durch unsere poetische Einbildungskraft, so steigern wir damit nicht nur unsere Weltwahrnehmung, sondern wir steigern auch unser eigenes Selbst. »Das niedre Selbst wird mit einem bessern Selbst in dieser Operation identifiziert.«

109 Zitiert nach: Eckart Kleßmann, Die deutsche Romantik, Köln 1996^{6}, S. 79.

Ein Mehrwert, der oftmals übersehen wird

Erkenntnistheoretisch erinnert Novalis Versuch, das Subjekt-Objekt-Problem zu lösen, durchaus an Schellings frühe Philosophie, mit dem er im Jenaer Romantikerkreis um Friedrich Schlegel mehrere Male zusammentraf. Obwohl ihr persönliches Verhältnis – zumindest von Schellings Seite – als ein wenig unterkühlt beschrieben wird, gibt es philosophisch durchaus Parallelen. Im *System des transzendentalen Idealismus* von 1800, einer Schrift, die kurz vor Novalis' Tod erscheint und die deutlich die Spuren der Diskussionen der Romantiker trägt, konnte man lesen: »Was wir Natur nennen, ist ein Gedicht, das in geheimer wunderbarer Schrift verschlossen liegt. Doch könnte das Rätsel sich enthüllen, würden wir die Odyssee des Geistes darin erkennen, der wunderbar getäuscht, sich selber suchend, sich selber flieht; denn durch die Sinnenwelt blickt nur wie durch Worte der Sinn, nur wie durch halbdurchsichtige Nebel das Land der Phantasie nach dem wir trachten.«[110]

Novalis sieht das ganz ähnlich. Auch für ihn ist die Natur Poesie – ein göttliches Gedicht. Der gerade im Zusammenhang mit der Romantik oft diffamierte Poesiebegriff hat bei ihm einen Mehrwert, der oftmals übersehen wird. Der Begriff »poetisch« ist für Novalis wie für den Schelling der Jahrhundertwende weitgehend identisch mit dem Schöpfungsbegriff. Auch in seiner Vorstellung korrespondiert die poetische Einbildungskraft mit den Bildekräften der Natur. Die poetische Imagina-

110 Zitiert nach: Jochen Kirchhoff, Friedrich Wilhelm Joseph von Schelling, Reinbek 1994^3, S. 34.

tion erzeugt eine eigene, innere Vorstellungswelt, die Natur setzt sie aus sich heraus und vergegenständlicht sie. Natur ist keine leblose, physikalische Maschinerie, sondern ein poetisches Kontinuum, ein Gedicht, das Wirklichkeit geworden ist. Daher wird sie auch niemals in einem rein physikalischen Sinne verstanden werden können, sondern nur durch die Ausbildung des poetischen Einfühlungsvermögens, durch Kontemplation und Empathie. »Nur die Dichter haben es gefühlt, was die Natur dem Menschen sein kann. [...] Alles finden sie in der Natur. Ihnen allein bleibt die Seele derselben nicht fremd, und sie suchen in ihrem Umgang alle Seligkeiten der goldenen Zeit nicht umsont. [...] Sie wissen nicht, welche Kräfte ihnen unterthan sind, welche Welten ihnen gehorchen müssen. Ist es denn nicht wahr, daß Steine und Wälder der Musik gehorchen und, von ihr gezähmt, sich jedem Willen wie Hausthiere fügen? – Blühen nicht wirklich die schönsten Blumen um die Geliebte und freuen sich sie zu schmücken? Wird für sie der Himmel nicht heiter und das Meer nicht eben? – Drückt nicht die ganze Natur so gut, wie das Gesicht, und die Geberden, der Puls und die Farben, den Zustand eines jeden der höheren, wunderbaren Wesen aus, die wir Menschen nennen? Wird nicht der Fels ein eigenthümliches Du, eben wenn ich ihn anrede? Und was bin ich anders, als der Strom, wenn ich wehmüthig in seine Wellen hinabschaue, und die Gedanken in seinem Gleiten verliere?«[111]

Die menschliche Seele ist mit allem verbunden, mehr noch, die Kräfte der Natur beugen sich ihrer versöhnenden Kraft. Novalis wählt das Orpheus-Motiv, das in diesen Zeilen anklingt, mit Bedacht. Der Dichter ist

111 Novalis, Werke I, S. 223 f.

Magier, Priester und genauer Kenner der Natur zugleich. Ihm erschließen sich die Kräfte, um die sich die empirische Naturwissenschaft, die noch in den Anfängen steckt, vergeblich bemüht. In alten Zeiten, so heißt es im *Heinrich von Ofterdingen*, habe es Dichter gegeben, »die durch den seltsamen Klang wunderbarer Werkzeuge das geheime Leben der Wälder, die in den Stämmen verborgenen Geister aufgeweckt, in wüsten, verödeten Gegenden den toten Pflanzensamen erregt, und blühende Gärten hervorgerufen, grausame Tiere gezähmt und verwilderte Menschen zu Ordnung und Sitte gewöhnt, sanfte Neigungen und Künste des Friedens in ihnen rege gemacht, reißende Flüße in milde Gewässer verwandelt, und selbst die totesten Steine in regelmäßige tanzende Bewegungen hingerissen haben. Sie sollen zugleich Wahrsager und Priester, Gesetzgeber und Ärzte gewesen sein, indem selbst die höhern Wesen durch ihre zauberische Kunst herabgezogen worden sind, und sie in den Geheimnissen der Zukunft unterrichtet, das Ebenmaß und die natürliche Einrichtung aller Dinge, auch die innern Tugenden und Heilkräfte der Zahlen, Gewächse und aller Kreaturen, ihnen offenbart.«[112]

Auf poetischem Wege versucht Novalis nun auch die gestaltenden Kräfte der Natur zu erkennen. Wenn in ihr analoge Kräfte wirken wie in der poetischen Einbildungskraft, dann ist diese auch das Medium, das die Geheimnisse der Natur erschließt. »Die Fantasie«, so heißt es in Fragment 17 der *Vermischten Bemerkungen* von 1797/98[113], »setzt die künftige Welt entw[eder] in

112 Zitiert n. Gerhard Schulz, Novalis. Reinbek 1996[13], S. 143.
113 Die dann von Friedrich Schlegel redigiert unter dem Titel *Blüthenstaub* in der ersten Ausgabe des *Athenäum* erschien.

die Höhe, oder in die Tiefe, oder in der Metempsychose, zu uns. Wir träumen von Reisen durch das Weltall – Ist denn das Weltall nicht in uns? Die Tiefen unseres Geistes kennen wir nicht – Nach Innen geht der geheimnisvolle Weg. In uns, oder nirgends ist die Ewigkeit mit ihren Welten – die Vergangenheit und Zukunft. Die Außenwelt ist die Schattenwelt – Sie wirft ihren Schatten in das Lichtreich. Jetzt scheints uns freylich innerlich so dunkel, einsam, gestaltlos – Aber wie ganz anders wird es uns dünken – wenn diese Verfinsterung vorbey, und der Schattenkörper hinweggerückt ist – wir werden mehr genießen als je, denn unser Geist hat entbehrt.«[114]

Bodenlose Tiefe

Gedanken wie diese wurden der Romantik schon früh zum Vorwurf gemacht. Schiller beispielsweise, in jungen Jahren selbst »Stürmer und Dränger« und mit den Gefahren einer all zu stark auf die Innerlichkeit bezogenen Psyche vertraut, ging dieser romantische Egozentrismus entschieden zu weit. Er befürchtete, daß eine allzu starke Verinnerlichung und Konzentration auf die inneren Welten nicht nur zu einem Weltverlust, sondern schließlich auch zu einer krankhaften Phantasie führen müsse: »Der Phantast verläßt die Natur aus bloßer Willkür um dem Eigensinne der Begierden und den Launen der Einbildungskraft desto ungehinderter nachgeben zu können [...] Weil die Phantasterei keine Ausschweifung der Natur, sondern Freiheit ist, also aus einer an sich achtungswürdigen Anlage entspringt, die ins Unendliche perfek-

114 Novalis Werke II, S. 232.

tibel ist, so führt sie auch zu einem unendlichen Fall in eine bodenlose Tiefe und kann nur in einer völligen Zerstörung sich endigen.«[115]

Damit aber hatte er das Anliegen der Frühromantiker – zumindest das Hardenbergs – in einem wichtigen Punkt verkannt. Novalis betont die Korrespondenz von innerer und äußerer Wahrnehmung, die erst in ihrem Zusammenwirken zur Erkenntnis führe. »Nach Innen geht der geheimnißvolle Weg«, aber »wer hier stehen bleibt, geräth nur halb. Der 2te Schritt muß wircksamer Blick nach außen – selbstthätige, gehaltne Beobachtung der Außenwelt seyn.«[116]

Weder eine sich von der Welt abwendende und in die inneren Welten flüchtende Psyche, noch eine Wahrnehmung, die sich nur auf die äußeren Erscheinungen richtet, entsprechen seinem Erkenntnisideal. Wird menschliche Erkenntnis auf die eine oder andere Art und Weise verabsolutiert, so geht sie in ihr unter und wird entweder zu weltfremder Schwärmerei oder einer ins krankhafte sich steigernden Introspektion, oder sie verliert sich in den Weiten eines enzyklopädischen Verstandes, dem das Mittel der Synthesis fehlt. Novalis fordert beides: eine genaue Beobachtung und Wahrnehmung, wie er sie exemplarisch in seinen naturwissenschaftlichen Studien betreibt, einerseits und ihre innere Gestaltung durch die produktive Einbildungskraft andererseits. »Um die Natur zu begreifen muß man die Natur innerlich in ihrer ganzen Folge entstehen lassen. Bey dieser Unternehmung muß

115 Zitiert nach Rüdiger Safranski, Schopenhauer und die wilden Jahre der Philosophie. München, Wien 1987, S. 196.

116 Novalis, Werke II, S. 236.

man sich bloß von der göttlichen Sehnsucht nach Wesen, die uns gleich sind, und den nothwendigen Bedingungen dieselben zu vernehmen, bestimmen lassen, denn wahrhaftig die ganze Natur ist nur als Werkzeug und Medium des Einverständnisses vernünftiger Wesen begreiflich. Der denkende Mensch kehrt zur ursprünglichen Function seines Daseyns, zur schaffenden Betrachtung, zu jenem Puncte zurück, wo Hervorbringen und Wissen in der wundervollsten Wechselverbindung standen, zu jenem schöpferischen Moment des eigentlichen Genusses, des innern Selbstempfängnisses. Wenn er nun ganz in die Beschauung dieser Urerscheinung versinkt, so entfaltet sich vor ihm in neu entstehenden Zeiten und Räumen, wie ein unermeßliches Schauspiel, die Erzeugungsgeschichte der Natur, und jeder feste Punkt, der sich in der unendlichen Flüssigkeit ansetzt, wird ihm eine neue Offenbarung des Genius der Liebe, ein neues Band des Du und des Ich. Die sorgfältige Beschreibung dieser innern Weltgeschichte ist die wahre Theorie der Natur; durch den Zusammenhang seiner Gedankenwelt in sich, und ihre Harmonie mit dem Universum, bildet sich von selbst ein Gedankensystem zur getreuen Abbildung und Formel des Universums.«[117]

Novalis entwickelt hier das Programm einer durch Analogie und innere Anschauung inspirierten Naturwissenschaft. Der Naturwissenschaftler lernt die Naturphänomene verstehen, wenn er sie selbsttätig in sich erzeugt. Sein Nachdenken über die Natur haftet nicht mehr an der Anschauung der äußeren Formen, sondern er wendet sich ihren gestaltbildenden Kräften zu. Eine solche »imaginative« Naturwissenschaft – von deren Charakter

117 Novalis, Werke I, S. 225 f.

uns Novalis in seinen naturwissenschaftlichen Fragmenten (etwa den *Freiberger Studien* oder dem Enzyklopädieprojekt das *Allgemeine Brouillon*) Beispiele gibt – wurde dann allerdings systematisch nicht mehr ausgeführt. Seine Aufzeichnungen blieben ebenso Fragment wie die Untersuchungen Schellings zum gleichen Thema.

Zwei Pyramiden

Damit taucht in der deutschen Romantik zum ersten Mal in der Philosophiegeschichte ein Verstehensbegriff auf, der Subjekt und Objekt, Geist und Natur, Innen und Außen, Natur und Poesie aus einem einzigen zugrundeliegenden transzendentalen Erkenntnisprinzip erschließt. »Zur Welt suchen wir den Entwurf – dieser Entwurf sind wir selbst.«[118] Der Weg zur Naturerkenntnis wird möglich durch die Erschließung der inneren Kräfte. Wir können die Natur nur dann erkennen, wenn wir ihre Gestalt und ihre Gestaltung in uns selbst vollzogen haben. »Wir werden die Welt verstehen, wenn wir uns selbst verstehen, weil wir und sie integrante Hälften sind.«[119]

Schon in den *Fichte-Studien* von 1795 hatte sich Novalis dem Problem der Verbindung von Naturerkenntnis und innerer Erkenntnis in einem Schema zugewandt. »Die transscendente Natur«, so schreibt er in Fragment No 153, »ist zugleich immanent – so auch die immanente Person ist transscendent zugleich – und auch umgekehrt. Die Natur ist aber, wie wir gesehn haben, theils unmittelbar, theils mittelbar bedingt. Die Person gleichfalls –

118 Zitiert nach Schulz, S. 98.
119 Ebd.

beyde auf verschiedene Art. Was hier unmittelbar bedingt ist, ist dort mittelbar bedingt und so vice versa. Es sind einerley Wesen – nur umgekehrt. Sie correspondieren aufs genaueste. Bildlich sind sie, wie zwei Pyramiden, die eine Spitze haben.«[120]

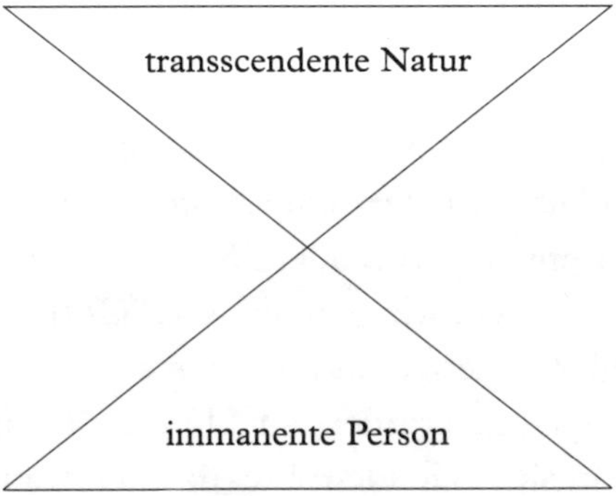

Fichte hatte die Natur als unbewußte Projektion unseres Ich angesehen. Novalis begreift hier Innen und Außen als aneinander sich spiegelnde Pyramiden, die ihren Ursprung in einem gemeinsamen Punkt haben – der Spitze als dem Mittelpunkt des Pyramidensystems. »Es sind einerlei Wesen – nur umgekehrt.« Zwar betrachtet auch er Natur und Person als eine Einheit, aber nicht in dem Sinne, daß die Natur eine Emanation unserer Ich-Kräfte ist, sondern so, daß beide, Natur und Person Emanation einer einzigen Sphäre, ein einziges »mystisches Individuum Gottes« sind. In Fragment 151 der *Fichte-Studien* heißt es daher: »Spinotza stieg bis zur Natur – Fichte bis zum Ich, oder der Person. Ich bis zur These Gott.«[121]

120 Novalis, Werke II, 63 f. (Fragment 153).
121 Novalis, Werke II, S. 63.

Spinozas Denken tendiert dazu, den Menschen in einem mystisch-pantheistischen Weltgeist und Weltkörper untergehen zu lassen. Fichte geht den umgekehrten Weg. Hier versinkt die Welt im menschlichen Ich. Novalis vermittelt zwischen diesen Positionen. An die Stelle einer allmächtigen Natur oder eines allmächtigen Ich-Wesens tritt nun Gott. Beide, »Natur« und »Person«, sind in Gott und aus Gott. »Das, was uns nach aller abstraction der Form in der Natur, oder des mittelbar Bedingten, übrig bleibt, ist der reine Begriff der Natur, oder Gott – so, wenn wir von allem Stoff in der Person abstrahiren, so stoßen, wir gleichfalls auf Gott – denn Gott ist in beiden das Letzte und das Erste.«[122]

Dieser Gedanke erinnert an Plotin. Gott ist das unmittelbare, in sich seiende Erste, das die »transcendente Natur« und die »immanente Person« aus sich entläßt. Gleichzeitig ist aber auch die Person – oder das Ich – mit allem verbunden. Mit Gott, insofern es als reines Ich ein Abbild der göttlichen Qualitäten ist. Mit der Natur, insofern es selbst Natur, selbst Stoff vom Stoffe Gottes, selbst Teil der Schöpfung ist. So dehnt sich einerseits das Ich des Novalis über die ganze Natur aus, ohne – wie bei Fichte – die Natur zu sein, und wird andererseits als Ich in das Wesen Gottes eingeschlossen, ohne – wie bei Spinoza – doch nur eines seiner unendlich vielen Attribute zu sein. Der Mensch ist selbst Natur und hat an allen ihren Vorgängen teil. Die Natur ist, wie er selbst als Naturwesen, göttliche Schöpfung, und daher ist die innere Anteilnahme an ihr ein religiöser Akt. Das Ich aber – die »Person« wie er in den Fragmenten der *Fichte-Studien* sagt – ist selbst eine göttliche Kraft.

122 Novalis, Werke II, S. 64 (Fragment 156).

Eine göttliche Kraft kann aber niemals wirklich schlecht oder wirklich böse sein. Novalis wendet sich in seinen philosophischen Fragmenten neben erkenntnistheoretischen auch immer wieder religionsphilosophischen, ethischen und staatstheoretischen Fragen zu. Im Herbst des Jahres 1797, kurz nach dem Tod der Verlobten Sophie von Kühn, hatte er die Schriften des niederländischen Philosophen Frans Hemsterhuis (1721-1790) kennengelernt. Hemsterhuis sprach ganz im Sinne der Romantiker von der Einheit des Universums, das den Verstandeskräften nicht zugänglich ist, das aber von einem im Innern des Menschen schlummernden »moralischen Organ« wahrgenommen werden kann. Dieses ist auf die göttliche Dinge gerichtet, »wie das Auge auf das Licht«.[123] Auch Novalis begreift das Universum als ein »moralisches Universum« und eigentlich ist nichts Böses in der Welt. Das Böse ist eine Kraft, die der Mensch, wie es im *Allgemeinen Brouillon* heißt, durch Moral und Poesie »annihilieren« kann. »Es gibt nichts abs[olut] Böses. Es ist möglich, daß der Mensch sich allm[ählich] absolut böse macht – und so allm[ählich] auch ein abs[olutes] Übel schafft – aber beydes sind künstliche Produkte – die der Mensch nach Gesetzen d[er] Moral und Poesie schlechthin annihiliren soll – nicht glauben – nicht annehmen.«[124]

Mit der Aufforderung, das Böse zu »annihiliren«, meint er jedoch nicht, daß es verdrängt werden soll,

123 Zitiert nach: Balmes. In: Novalis, Werke III, S. 317.
124 Novalis, Werke II, S. 628.

sondern er fordert auf Kräfte zu entwickeln, die seiner nicht mehr bedürfen. »Nur d[urch] Meynung (welche ein aus Glauben entsprungenes schaffendes Wissen ist) entsteht und besteht Übel und Böses«.[125] Dem Dichter kommt hier eine ganz besondere Verantwortung zu. Er »annihiliert« das Böse ganz im Sinne von Hemsterhuis durch Moral und Poesie. Er versteht, daß es im Grunde genommen nur durch Trennung, Unwissen und falschen Glauben in die Welt gekommen ist. Es verschwindet in dem Maße, in dem der Mensch als Dichter und als Philosoph die Welt und sich selbst im Sinne der beiden Pyramiden wieder als eine ursprüngliche Einheit versteht.

Eine gewaltige Gährung – eine glänzende Politur

Novalis spricht von dem »tugendhaften« Dichter[126], der Übel und Böses vernichtet, indem er es annihiliert. Im 75. Fragment der *Vermischten Bemerkungen* von 1797/98 hatte er den Dichter als Priester und den Priester als Dichter gesehen. Wohl wieder mit Blick auf Orpheus sagt er, daß anfänglich Dichter und Priester eins gewesen seien. So sei der echte Dichter immer Priester und der echte Priester immer Dichter gewesen. Nicht zuletzt mit Blick auf die eigene Dichtung schließt er die Frage an: »Und sollte die Zukunft nicht den alten Zustand der Dinge wieder herbeiführen?«

In den *Studienheften* vom Oktober 1799 findet sich die kurze Notiz: »Behandlung der Geschichte, als Evange-

125 Novalis, Werke II, S. 629.
126 Ebd.

lium.«[127] Der Dichter als Priester behandelt die Geschichte nicht als Ereignisgeschichte, sondern als Heilsgeschichte, als Evangelium. In seinem philosophischen Dialog *Alexis ou de l'age d'or* hatte Frans Hemsterhuis von der Wiederkehr eines goldenen Zeitalters gesprochen. Novalis greift dies in seinen Gedanken zur Staatstheorie auf. Die Idee eines neuen, romantischen Weltverhältnisses wird nun auf die Idee eines poetischen Staates der Zukunft projiziert. In der Schrift *Die Christenheit oder Europa*[128] sieht er eine neue romantische Kultur und ein neues poetisches Weltverhältnis herannahen, das sich auf die geistlichen Tugenden des christlichen Abendlandes besinnt. Revolution und Reformation seien nichts anderes als eine »Krise der einsetzenden Pubertät«[129] der abendländischen Menschheit gewesen. Ein neues goldenes Zeitalter werfe bereits deutlich seine Schatten voraus: »In Deutschland [...] kann man schon mit voller Gewißheit die Spuren einer neuen Welt aufzeigen. [...] In Wissenschaften und Künsten wird man eine gewaltige Gährung gewahr. Unendlich viel Geist wird entwickelt. Aus neuen, frischen Fundgruben wird gefördert. – Nie waren die Wissenschaften in besseren Händen, und erregten wenigstens größere Erwartungen; die verschiedensten Seiten der Gegenstände werden ausgespürt, nichts wird ungerüttelt, unbeurtheilt, undurchsucht gelassen. Alles wird bearbeitet; die Schriftsteller

127 Zitiert nach: Carl Paschek im Nachwort zu: Novalis, Fragmente und Studien. Die Christenheit oder Europa, Stuttgart 1984, S. 148.

128 Der Titel ist nicht von Novalis, sondern wurde ihr posthum in der ersten stark gekürzten Ausgabe von Friedrich Schlegel verliehen.

129 Novalis, Werke II, S. 278 (Fragment 116).

werden eigenthümlicher und gewaltiger, jedes alte Denkmal der Geschichte, jede Kunst, jede Wissenschaft findet Freunde, und wird mit neuer Liebe umarmt und fruchtbar gemacht. Eine Vielseitigkeit ohne Gleichen, eine wunderbare Tiefe, eine glänzende Politur, vielumfassende Kenntnisse und eine reiche kräftige Fantasie findet man hie und da, und oft kühn gepaart. Eine gewaltige Ahnung der schöpferischen Willkühr, der Grenzenlosigkeit, der unendlichen Mannigfaltigkeit, der heiligen Eigenthümlichkeit und der Allfähigkeit der innern Menschheit scheint überall rege zu werden. Aus dem Morgentraum der unbehülflichen Kindheit erwacht, übt ein Theil des Geschlechts seine ersten Kräfte an Schlangen, die seine Wiege umschlingen und den Gebrauch seiner Gliedmaßen ihm benehmen wollen. Noch sind alles nur Andeutungen, unzusammenhängend und roh, aber sie verraten dem historischen Auge eine universelle Individualität, eine neue Geschichte, eine neue Menschheit, die süßeste Umarmung einer jungen überraschten Kirche und eines liebenden Gottes, und das innige Empfängniß eines neuen Messias in ihren tausend Gliedern zugleich.«[130]

Wie dieser Staat aussehen würde, hatte Novalis schon im 122. Fragment der *Vermischten Bemerkungen* beschrieben. Erst der poetische Staat, so heißt es dort, sei der wahrhaft vollkommene Staat. Ein geistvoller Staat werde von selbst poetisch sein. Der geistvolle Staat werde sich von selbst dem poetischen Staate nähern. Seine Mitglieder würden um so freudiger aus Liebe zu ihm handeln, je schöner, geistvoller, eben poetischer er sei. Und je mehr die Einzelnen aus Liebe zu ihm sich aufopfern

130 Novalis, Werke II, S. 744 f.

würden, desto weniger würde es ein Opfer sein. Mehr und mehr werde sein Geist dem eines einzelnen musterhaften Menschen entsprechen, »der nur ein einziges Gesetz auf immer ausgesprochen hat – Sei so gut und poetisch wie möglich«[131]

131 Zitiert nach: Novalis, Fragmente und Studien – Die Christenheit oder Europa, Stuttgart 1984, S. 36.

Steiner

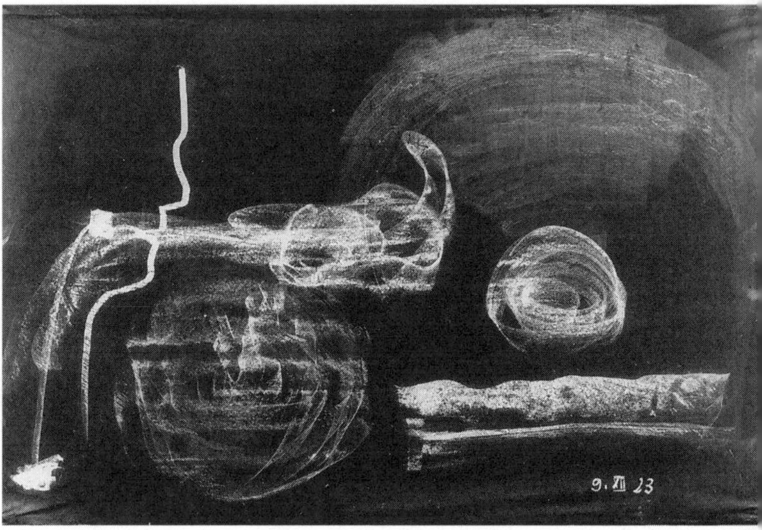

Rudolf Steiner »Innen und Außen«.
Wandtafelzeichnung anläßlich eines
Vortrages vom 9. Dezember 1923
in Dornach

Gedanken in Dingen

Die Ursprünge von Rudolf Steiners Denken[132] reichen bis in die Philosophie des deutschen Idealismus, der Romantik und die Naturlehre Goethes zurück, und er entwickelt seine Ideen zunächst in Auseinandersetzung mit dem Neukantianismus und Kant. Das erkenntnistheoretische Problem, das ihn während seiner frühen philosophischen Studien maßgeblich beschäftigt, formuliert er rückblickend in der autobiographischen Schrift *Mein Lebensgang* wie folgt: »Das Reden von Erkenntnisgrenzen hatte für mich keinen Sinn. Erkennen war mir das Wiederfinden der durch die Seele erlebten Geistesinhalte in der wahrgenommenen Welt. Wenn jemand von Erkenntnisgrenzen sprach, so sah ich darinnen das Zugeständnis, daß er die wahre Wirklichkeit nicht geistig in sich erleben und sie deshalb in der wahrgenommenen Welt nicht wiederfinden könne. Auf die Widerlegung der Anschauung von Erkenntnisgrenzen kam es mir beim Vorbringen meiner eigenen Einsichten in erster Linie an.«[133]

Schon in seiner ersten größeren wissenschaftlichen Veröffentlichung, der Einleitung zu Goethes naturwissenschaftlichen Schriften in Kürschners *Deutscher Natio-*

132 Vgl. hierzu: Wolfgang Zumdick, Über das Denken bei Joseph Beuys und Rudolf Steiner. Basel 1995.

133 Zitiert nach: Johannes Hemleben, Rudolf Steiner in Selbstzeugnissen und Bilddokumenten, Reinbek 1978[19], S. 63.

nallitteratur, die er im Winter 1886/87 verfaßt, deutet sich an, wie er in der Folge dieses Problem zu behandeln gedenkt. Er wird das Denken nicht als etwas Subjektives, sondern als ein den »Weltinhalten« immanent zugrundeliegendes Phänomen begreifen: »Wer dem Denken seine über die Sinnesauffassung hinausgehende Wahrnehmung zuerkennt, der muß ihm notgedrungen auch Objekte zuerkennen, die über die bloße sinnenfällige Wirklichkeit hinaus liegen. Diese Objekte des Denkens sind aber die Ideen. Indem sich das Denken der Idee bemächtigt, verschmilzt es mit dem Urgrunde des Weltdaseins; das was außen wirkt, tritt in den Geist des Menschen ein: er wird mit der objektiven Wirklichkeit auf ihrer höchsten Potenz eins. Das Gewahrwerden der Idee in der Wirklichkeit ist die wahre Kommunion des Menschen. – Das Denken hat den Ideen gegenüber dieselbe Bedeutung, wie das Auge dem Lichte, das Ohr dem Ton gegenüber. Es ist Organ der Auffassung.«[134]

Dieser platonische Grundgedanke, den er dann in seiner philosophischen Hauptschrift, der *Philosophie der Freiheit*[135] durchdenkt und ausformuliert, bildet die eigentliche Grundlage von Rudolf Steiners Anthroposophie.

Mehr als zwanzig Jahre später, Steiner ist inzwischen Generalsekretär des deutschen Zweiges der internationalen theosophischen Gesellschaft, formuliert er seinen Kerngedanken in einem Vortrag aus dem Jahre 1909

134 Rudolf Steiner, Einleitung zu Goethes naturwissenschaftlichen Schriften in Kürschners *Deutscher Nationallitteratur*. Zweiter Band, S. IV. Zitiert nach: Rudolf Steiner, Mein Lebensgang, Frankfurt/M. 1985, S. 164 f.

135 Nun jedoch in betonter Distanz zu Platons Dualismus und seiner doch recht statischen Auffassung der Idee.

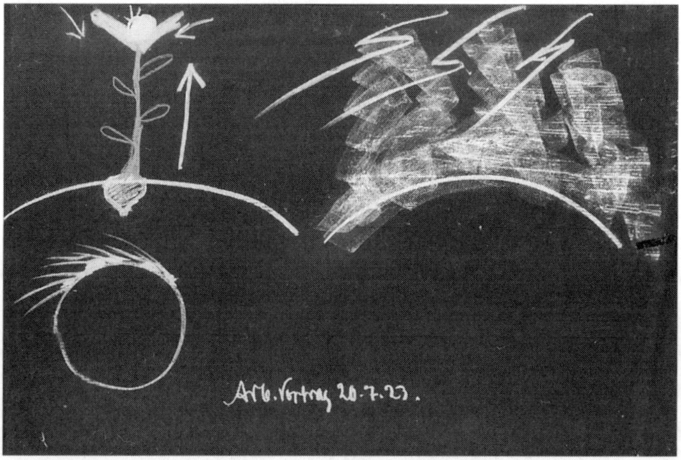

noch einmal in größter Einfachheit: »Wer das richtige Gefühl erlangen will gegenüber dem Denken, der muß sich sagen: Wenn ich mir Gedanken machen kann über Dinge, wenn ich durch Gedanken etwas ergründen kann über die Dinge, so müssen die Gedanken erst darinnen sein in den Dingen. Die Dinge müssen nach den Gedanken aufgebaut sein, nur dann kann ich die Gedanken auch herausholen aus den Dingen.«[136] Und er fügt erklärend hinzu: »Auch alles, was Naturwerke, Naturgeschehnisse sind, muß man sich so vorstellen. Bei dem, was Menschenwerk ist, da läßt sich das schnell veranschaulichen, bei Naturwerken dagegen, da kann das der Mensch nicht so leicht bemerken, und doch sind auch sie geistige Wirksamkeiten, und dahinter stehen spirituelle Wesenheiten. Und wenn der Mensch denkt über die

136 Zitiert nach: Rudolf Steiner, Die praktische Ausbildung des Denkens. Drei Vorträge. Mit einer vergleichenden Betrachtung von Walter Kugler, Stuttgart 1988, S. 20.

Rudolf Steiner »Kosmische Befruchtung«. Wandtafelzeichnung anläßlich eines Vortrages vom 20. Juli 1923 in Dornach

Dinge, so denkt er nur über das nach, was zuerst in sie hineingelegt worden ist. Der Glaube, daß die Welt durch Denken hervorgebracht worden ist und sich noch fortwährend so hervorbringt, der erst macht die eigentliche Denkpraxis fruchtbar.«[137]

Dies aber hat Konsequenzen für die Vorstellung, die man sich vom eigenen Denken macht. Spätestens seit Kant gehen die meisten Philosophien davon aus, daß das Denken eine höchst subjektive Tätigkeit ist. Die Rede, daß wir die Welt nur »interpretieren« und sie dementsprechend immer nur subjektiv ausdeutbar ist, hat sich tief in unserer Vorstellungswelt festgesetzt. Demgegenüber mutet Steiners Vorstellung zunächst ein wenig antiquiert und vorkritischen Philosophieepochen zugehörig an. »Wenn man von wirklicher Denkpraxis reden will, muß man wissen, daß Gedanken nur aus einer Welt herauszuholen sind, in der auch wirklich schon Gedanken darinnen sind. Wie man Wasser nur aus einem Glase schöpfen kann, in dem Wasser wirklich darinnen ist, so kann man Gedanken nur aus Dingen schöpfen, in denen sie darinnen sind. Die Welt ist nach Gedanken aufgebaut; nur deshalb kann man Gedanken auch herausholen aus ihr.«[138]

Steiner folgt hier aber nicht nur der platonischen Tradition der Erkenntnistheorie, sondern er läßt einen Zweig der nachkantischen Philosophie wieder aufleben, der in der metaphysikfeindlichen Atmosphäre der zweiten Hälfte des neunzehnten Jahrhunderts schon als abgestorben galt. Man spürt deutlich die Einflüsse Schel-

137 Ebd. S. 20 f.
138 Ebd. S. 22.

lings und des »magischen Idealismus« Hardenbergs[139] und tatsächlich führt Steiner diese Ideen der Romantik und die in ihnen bereits anklingenden theosophischen Einflüsse Jakob Böhmes und Franz von Baaders in einer autonomen Weise fort. Er spricht wie Schelling und Baader davon, daß alles Denken ein Denken sei und daß der Mensch durch eine Steigerung seiner Gedankenkräfte auch einen Zugang zu den Gestaltungskräften der Welt besitze. Sein Denken reproduziere im Kleinen, was auch in den großen kosmischen Gestaltungsphänomenen geschieht.

Steiner greift dabei auf die alte hermetische Entsprechungslehre, derzufolge der Mikrokosmos ein getreues Abbild des Makrokosmos ist, zurück. Der Kosmos besteht wie der Mensch selbst aus verschiedenen Wesensgliedern, und das menschliche Denken, Fühlen und Wollen sind in letzter Instanz gar nicht sein eigenes Denken, Fühlen und Wollen, sondern werden durch jene überindividuellen Gestaltungskräfte des Makrokosmos getragen und inspiriert.

In seiner Beschreibung dieser Phänomene geht Steiner bis zur Entstehung des Alls zurück. In einer großen gedanklichen Imagination entwickelt er in der Schrift *Die Geheimwissenschaft im Umriß* von 1910 und in vielen seiner insgesamt über 5000 Vorträge das Bild einer kosmischen Evolution, die sich bisher in vier kosmischen Verkörperungen – den Äonen des Saturn, der Sonne des Mondes und der Erde – vollzog und die sich in drei weiteren Äonen – dem des Jupiter, der Venus und des

139 Vgl. hierzu: Florian Roder, Menschwerdung des Menschen. Der magische Idealismus im Werk des Novalis, Stuttgart 1997.

Vulkan – beschließen wird. Er beschreibt das Bild eines uranfänglichen Menschen, des hebräischen *adam quadmon*, der dieses sich zyklisch entwickelnde Weltall zum Zwecke seiner eigenen Vervollkommnung schuf.

Dabei nimmt er jedoch nicht für sich in Anspruch, der Urheber dieses Wissens zu sein. Zum einen liege es, da es ein objektivierbares Wissen sei, für jedes erkennende Individuum bereit, zum anderen würden die gedanklichen Mittel zu ihrem Erwerb seit Urzeiten in den esoterischen Traditionen bereitgestellt. Was allerdings die Anthroposophie von jenen Traditionen unterscheide, sei ihr Gegenwartsbezug und ihre wissenschaftliche Überprüfbarkeit.

Die tieferen Zusammenhänge über die Entstehung und das Werden des Kosmos, so Steiner, seien in einem Weltgedächtnis gespeichert, das er in Anlehnung an die indische Esoterik die *Akasha-Chronik* nennt. Durch eine Reihe meditativer Techniken und gedanklicher Übungen könne tendenziell jeder Mensch, der nur konsequent verfahre, einen Zugang zu diesem Wissen haben und es gedanklich nachvollziehen. Unser Denken gleiche einem Muskel, der trainiert werden könne wie ein Sportler seine Muskeln trainiert. Dann, so Steiner, werde sich offenbaren, daß seine Darlegungen keineswegs subjektive Visionen oder Halluzinationen, sondern eine objektiv-wissenschaftliche Darstellung kosmologischer und anderer Zusammenhänge sei.

Das menschliche Denken leide darunter, daß es in den meisten Fällen nur ein abbildendes Denken sei, das spiegelbildlich arbeite. Es hafte zu sehr an den sinnlichen Phänomenen und entwickle zu wenig seine innerliche, gedankenbildende Fähigkeit. Steiner spricht von der »Geschmeidigkeit« und »Beweglichkeit« des Denkens, davon, daß es sich daran gewöhnen könne, »in den Dingen zu sein«. »Diese Grundsätze auszuführen ist das Bedeutsame: daß wir wirklich Zeit finden, die Dinge so zu betrachten, als ob wir in den Dingen drin wären mit unserem Denken, daß wir uns hineinversenken in die Dinge, in die innere Gedankentätigkeit der Dinge. Wenn wir das tun, dann merken wir nach und nach, wie wir förmlich zusammenwachsen mit den Dingen, wie wir gar nicht mehr das Gefühl haben, daß die Dinge draußen sind und wir drinnen und über sie nachdenken, sondern ein Gefühl bekommen, wie wenn unser Denken sich in den Dingen drinnen bewegte.«[140]

Ätherisches ...

Einer der Gegenstandsbereiche, dem sich ein in dieser Weise »erweitertes« Denken dabei neben kosmologischen, naturphilosophischen oder erkenntnistheoretischen Fragen zuwendet, ist die Anthropologie. Steiner spricht davon, daß sich die menschliche Wesenheit aus drei verschiedenen Körpern – dem »physischen Leib«, dem »Ätherleib« und dem »Astralleib« – drei unterschiedlichen Seelengliedern – der »Empfindungsseele«, der »Verstandesseele« und der »Bewußtseinsseele« – und aus dem menschlichen Ich zusammensetzt. Den sinnlich wahrnehmbaren Teil der menschlichen Persönlichkeit bezeichnet er als den »physischen Leib«. Er ist aus den anorganischen Stoffen aufgebaut, aus denen sich auch die physische Materie zusammensetzt.

Der physische Leib wird von einem weiteren, fein-

140 Ebd. S. 29.

stofflichen Körper durchzogen, den Steiner den »Lebensleib« oder »Ätherleib« nennt. Er bewirkt das Wachstum der Organismen und organisiert ihre physiologische Gestalt. Steiner bezeichnet ihn zuweilen als den »Architekten« des physischen Leibes. Der »Lebensleib« »denkt« die physische Gestalt, er »imaginiert« sie in einem flüssigen, beweglichen und schließlich die Formen schaffenden Sinn. So liegt dem physischen Herz ein »Ätherherz« zugrunde, dem Kopf ein ätherischer Kopf und jeder physiologischen Einheit die ihr entsprechende ätherische Form.

Steiner bezeichnet die Gestaltungsformen des Ätherleibes zuweilen auch als unbewußte »Imaginationen«. Er will damit darauf hinweisen, daß allen physischen Gestaltungsformen ein dem menschlichen Bewußtsein unbewußtes transzendentales Gestaltungsprinzip zugrunde liegt. In einem Vortrag aus dem Jahre 1918 geht er genauer auf diese unbewußten Gestaltbildungskräfte ein und zieht – ähnlich wie Schelling – eine Parallele zu den Künsten, speziell zur Architektur und zur Bildhauerei. Der Mensch habe durch seine imaginativen Fähigkeiten einen inneren Zugang zu diesen plastischen, formbildenden Kräften, er könne, wenn er sein Denken im oben genannten Sinne steigere, innerlich nacherleben, wie sich der Gestaltwandel, der Formbildungs-, Formverwandlungs- und Formauflösungsprozeß in der Natur und in der Kunst vollzieht. Man könne ihn mit der Tätigkeit des Mathematikers vergleichen, mit dem Bilden von Flächen und Kurven. Aber er bleibe nicht so abstrakt wie in der Mathematik, sondern werde innerlich lebendig, so wie Goethe es in seiner Metamorphosenlehre beschrieben habe. »Heute kann es viel lebendiger werden, das innerliche, schauende Vorstellen. Dieses schauende Vorstellen ist außerordentlich verwandt mit dem, was bei gewissen Gebieten der schaffenden Kunst zugrunde liegt, nämlich bei der Skulptur und Architektur [...] mit den abstrakten Gedanken kann man nichts über das innere Wesen der Dinge erfahren.«[141]

Der »Seher«, so Steiners Bezeichnung für denjenigen, der das imaginative Denken in sich ausgebildet hat, nehme gewisse verborgene Sinne für sich in Anspruch, die in uns nur leise anklängen und zumeist verborgen blieben, wie beispielsweise den Gleichgewichtssinn. »Wenn durch die Skulptur geschaffen wird, ist das nichts anderes, als daß Wahrnehmungen eines gewöhnlich verborgenen Sinnes umgesetzt werden in äußere Flächengestaltung und dergleichen. Was wir als Mensch immer mit uns tragen in unserem Erfühlen zur Welt gestalten wir unbewußt in Architektur und Skulptur aus.«[142]

Die Ausbildung des lebendigen Denkens ist in dieser Hinsicht eine eminent künstlerische Tätigkeit. »Der Seher tut nichts anderes, als diesen Sinn des Sich-Hineinstellens in die Welt zum vollem Bewußtsein zu bringen. Er entwickelt ihn so, wie der Architekt, der Bildhauer durch das, was er in seinem Leib erfühlt, künstlerisch veranlaßt ist, als Formen in dem äußeren Stoff zu gestalten [...] Und das, was als ein selbständiges, vom Künstler unbewußt, vom Seher bewußt erfaßtes Geisti-

141 Das Sinnlich-Übersinnliche – Geistige Erkenntnis und künstlerisches Schaffen. Öffentlicher Vortrag in Wien am 1. Juni 1918. Zitiert nach: Rudolf Steiner, Kunst und Kunsterkenntnis. Grundlagen einer neuen Ästhetik. Dornach 1985³ (TB Nr 650), S. 172.

142 Ebd. S. 173 f.

ges wirkt und webt, ist das Gemeinsame in der seherischen Erfassung der Welt und dem künstlerischen Hervorbringen, nur daß es vom Seher auch geistig ausgesprochen wird, und vom Künstler, weil er es nicht aussprechen kann, sondern es nur unbewußt in seinen Händen, seiner Phantasie hat, dem Stoffe einverleibt werden kann.«[143]

... vom Astralleib durchleuchtet

Das dritte menschliche Wesensglied, der »Astralleib«, ist direkt mit der Sphäre der Empfindungen assoziiert. Er ist das, was uns überhaupt erst zu empfindenden und damit zu bewußten Wesen macht. In seiner Schrift *Die Geheimwissenschaft im Umriß* aus dem Jahre 1910 beschreibt Rudolf Steiner diesen Zusammenhang wie folgt: »Dasjenige, was das Leben immer wieder aus dem Zustand der Bewußtlosigkeit erweckt, ist im Sinne übersinnlicher Erkenntnis das dritte Glied der menschlichen Wesenheit. Man kann es den Astralleib nennen. Wie der physische Leib nicht durch die in ihm befindlichen mineralischen Stoffe und Kräfte seine Form erhalten kann, sondern wie er, um dieser Erhaltung willen, von dem Ätherleib durchsetzt sein muß, so können die Kräfte des Ätherleibes sich nicht durch sich selbst mit dem Lichte des Bewußtseins durchleuchten. Ein Ätherleib, der bloß sich selbst überlassen wäre, müßte sich fortdauernd in dem Zustande des Schlafes befinden. Man kann auch sagen: er könnte in dem physischen Leibe nur ein Pflanzen-

143 Ebd. S. 174 f.

dasein unterhalten. Ein wachender Ätherleib ist von einem Astralleib durchleuchtet.«[144]

Während der Ätherleib ein Organ der gestaltbildenden Kräfte des Denkens ist, ist der Astralleib das Organ, das die Empfindungen oder Gefühle ausstrahlt oder empfängt. Der Ätherleib ist mit dem Denken, der Astralleib mit dem Gefühl assoziiert. Mit ihm nimmt der Mensch, so Steiner, die astralischen Wesenheiten, die die beseelten Dinge inspirieren, wahr. Wie schon im Falle des Ätherischen wird aber auch diese übergeordnete Funktion, mit der »astrale Wesenheiten« in der Welt der Dinge wirken, zumeist nicht wahrgenommen. Dies ändert sich, so Steiner, wenn unser Denken sich in die nächst höhere Sphäre, in die Welt des Astralischen vertieft.

Das Astralische ist so wie das Ätherische mit dem Sehen und dem Skulptural-Architektonischen mit dem Hören und damit mit der Musik eng verwandt. Steiner schreibt, einen alten pythagoreischen Gedanken aufgreifend, daß allem Geschehen eine musikalische Grundstruktur zugrunde liege, die man »seherisch« erleben und beschreiben könne, und die sich – dem Komponisten unbewußt – in der Musik objektiviere. Auch die sinnlichen Erscheinungen seien nach allgemeinen rhytmischen und tonal-strömenden Gesetzen aufgebaut und diese wiederum würden durch die Welt des Astralischen inspiriert. Die menschliche Seele erlebe unbewußt diese Gesetzmäßigkeiten mit. Sie erlebe, wie sie aus dem menschlichen Organismus in die Seele heraufschlügen und dies sei der Ursprung des musikalischen Schaffens,

144 Rudolf Steiner, Die Geheimwissenschaft im Umriß. Dornach 1987^{6}, S. 58 f. (TB Nr 601).

die Objektivierung einer unhörbaren, in den Dingen wirkenden Musik. »Der ganze menschliche Organismus, abgesehen vom Haupt und den Gliedern, drückt sich aus in diesem inneren Rhythmus. Was durch das Ohr als Ton einströmt, was als Tonvorstellung in uns lebt, wird zur Musik, indem es sich begegnet mit der inneren Musik, die betrieben wird dadurch, daß der ganze Organismus ein merkwürdiges Musikinstrument ist.«

Man höre, wenn man auf diese inneren Abläufe achte, »eine wunderbare innere menschliche Musik«. Man werde gewahr, »daß wir in konkretesten Gesetzen [...] diese Leier des Apollo in uns tragen, auf welcher der Kosmos in uns spielt. Nicht das, was die Biologie allein anerkennt, ist unser Organismus, sondern er ist das wunderbarste Musikinstrument.«[145]

Das menschliche Ich

Das höchste menschliche Wesensglied bezeichnet Rudolf Steiner als das Ich. Er begründet dies durch den Sachverhalt, daß der Mensch im Unterschied zu den Tieren erinnern oder vorstellen kann. Auch beziehe er im Gegensatz zum Tier seine vielfältigen Eindrücke, Wünsche, Vorstellungen und so fort auf einen ihnen zugrundeliegenden transzendentalen Persönlichkeitskern. Er gehe nicht in seinen Wahrnehmungen unter, sondern wisse zugleich, daß er der Wahrnehmende sei. Ein Sachverhalt, den Kant, wie im letzten Kapitel beschrieben, als »ursprüngliche synthetische Apperzeption« bezeichnete und der der Ausgangspunkt für Fichtes

145 Ebd. S. 177 f.

Denken war. Im Menschen allein bildet sich ein Ichgefühl heran, das sich nicht nur als ein kontingentes Wesen in verschiedenen Bewußtseinszuständen erlebt, sondern das auch weiß, daß es selbst in aller Veränderung ein sichselbstgleiches Wesen ist. »Das Tier erlebt mit großer Regelmäßigkeit die Einflüsse der äußeren Welt und wird sich unter dem Einflusse der Wärme und Kälte, des Schmerzes und der Lust, unter gewissen regelmäßig ablaufenden Vorgängen seines Leibes des Hungers und Durstes bewußt. Des Menschen Leben ist mit solchen Erlebnissen nicht erschöpft. Er kann Begierden, Wünsche entwickeln, die über das alles hinausgehen. Beim Tier würde man immer nachweisen können, wenn man weit genug zu gehen vermöchte, wo außer dem Leibe oder in dem Leibe die Veranlassung zu einer Handlung, zu einer Empfindung ist. Beim Menschen ist das keineswegs der Fall. Er kann Wünsche und Begierden erzeugen, zu deren Entstehung die Veranlassung weder innerhalb noch außerhalb seines Leibes hinreichend ist. Allem, was in dieses Gebiet fällt, muß man eine besondere Quelle geben. Und diese Quelle kann man im Sinne der übersinnlichen Wissenschaft im ›Ich‹ des Menschen sehen. Das ›Ich‹ kann daher als das vierte Glied der menschlichen Wesenheit angesprochen werden. – Wäre der Astralleib sich selbst überlassen, es würden sich Lust und Schmerz, Hunger und Durstgefühle in ihm abspielen; was aber dann nicht zustandekäme, ist die Empfindung: es sei ein Bleibendes in alle dem. Nicht das Bleibende als solches wird hier als ›Ich‹ bezeichnet, sondern dasjenige, welches dieses Bleibende erlebt. Man muß auf diesem Gebiete die Begriffe ganz scharf fassen, wenn nicht Mißverständnisse entstehen sollen. Mit dem Gewahrwerden eines Dauernden,

Bleibenden im Wechsel der inneren Erlebnisse beginnt das Aufdämmern des ›Ichgefühles‹.«[146]

Das menschliche Ich ist für Rudolf Steiner zugleich der Sitz seines Willens. Steiner meint damit nicht einen trieb- oder instinktgeleiteten Willen, sondern einen solchen, der sich zum »Empfangsorgan« eines »höheren« Willens macht. Dieser »allgemeine Weltenwille« ist die Kraft, die uns überhaupt erst ermöglicht »bewegliche Wesen zu sein«: »Indem wir mit unserer Seele, die sich gleichsam vollgesogen hat mit diesen Eigenschaften,[147] untertauchen in unsere eigene Leiblichkeit, merken wir, daß sich diese Grundkräfte verwandeln und ein anderes Gesicht bekommen. Und zwar merken wir, daß sich dasjenige, was wir in einem schwachen Abbilde als Willen unserer Seele kennen, was wir uns aber mitbringen aus einem unendlich viel größeren Maß von Weltenwillen, daß sich das im Einströmen verwandelt in etwas, was uns die Möglichkeit gibt, bewegliche Wesen zu sein, die aus ihrem Inneren heraus die Fähigkeit haben, die Glieder zu bewegen, im Kleinen und im Großen [...] Es kommt dasjenige, was Weltenwillen ist in uns als Kraft, als innere uns erfüllende Kraft zum Vorschein. Wir sehen jetzt, wie tatsächlich die uns durchsetzende Kraft, die wir sonst nur seelenhaft verspüren, uns aus dem Weltenwillen heraus zuströmt. Jetzt wird es für uns eine Wahrheit, daß Wille die Welt durchströmt, daß der Wille der Welt uns durchströmt und daß wir nur dadurch bewegliche Menschen sind, Menschen, die ihre Glieder bewe-

146 Rudolf Steiner, Die Geheimwissenschaft im Umriß, a.a.O., S. 60 f.

147 Steiner meint die Gedanken-, Gefühls- und Willenskräfte des Kosmos, durch die sich, wie er sagt, der Mensch während des Schlafes ernährt.

gen können, Menschen die Selbsttätigkeit haben, daß uns am Morgen zufließt Weltenwille, den wir eingesogen haben in unsere Seele im Schlafzustand. Diesen Weltenwillen, der in uns einströmt am Morgen, verbrauchen wir während des Tages. Dieses Einströmen fühlen wir nicht im gewöhnlichen Leben. Aber wenn wir an dem Hüter der Schwelle[148] vorbeigekommen sind, dann fühlen wir fortwirken in uns selber den ganzen Willen des Makrokosmos, da fühlen wir uns einheitlich mit dem Weltenwillen zusammengewachsen. Es ist ein unendlich bedeutsames Gefühl, das wir da durchmachen. Wie verbunden, wie eingeschaltet in den gesamten Weltenwillen fühlen wir uns in diesem Momente.«[149]

Das menschliche Ich als Zentrum des Willens hat nach Steiner die Möglichkeit, die eigene Persönlichkeit zu vergeistigen, wenn es sich durch den allgemeinen, höheren Weltwillen leiten läßt. Seine Vorstellung ähnelt dabei der Platons, der, wie wir sahen, die Möglichkeit sah, daß die Vernunftseele, das *logisticon*, über die niederen Seelenteile gebietet und sie leitet und lenkt. Auch Steiner gliedert die menschliche Seele, ähnlich der Gliederung des Körpers in physischen Leib, Ätherleib und Astralleib, in drei seelische Glieder – die Empfindungsseele, die Verstandesseele und die Bewußtseinsseele –,

148 Steiner meint damit eine Instanz, die uns vom Erleben dieser Dinge fernhält. Vgl. dazu auch: Rudolf Steiner, Wie erlangt man Erkenntnisse der höheren Welten, Frankfurt/M. 1985.

149 Rudolf Steiner, Makrokosmos und Mikrokosmos. Die große und die kleine Welt. Seelenfragen, Lebensfragen, Geistfragen. Ein Zyklus von elf Vorträgen gehalten in Wien vom 21. bis 31. März 1910. Mit einem vorangehenden öffentlichen Vortrag, Wien, 19. März 1910. Dornach 1992 (TB Nr. 703), S. 114 f.

und in dem höchsten dieser Seelenglieder, der Bewußtseinsseele, findet jene platonische Transformation der menschlichen Persönlichkeit statt. »Der Mensch kann in sich ein Göttliches finden, weil sein ureigenstes Wesen dem Göttlichen entnommen ist. So also erlangt der Mensch durch dieses sein drittes Seelenglied, ein inneres Wissen von sich selbst, wie er durch den Astralleib ein Wissen von der Außenwelt erhält. Deshalb kann die Geheimwissenschaft dieses dritte Seelenglied auch die Bewußtseinsseele nennen.«[150]

Mit der selbstbewußten Wahrnehmung des menschlichen Ich durch die Bewußtseinsseele beginnt dann nach Steiner die eigentliche Transformation der Persönlichkeit. »Wie der Mensch in dieser Arbeit begriffen ist, das wird anschaulich, wenn man einen Menschen, der noch ganz niederem Begehren und sogenannter sinnlicher Lust hingegeben ist, vergleicht mit einem edlen Idealisten. Der letztere wird aus dem ersteren, wenn jener sich von gewissen niederen Neigungen abzieht und höheren zuwendet. Er hat dadurch vom Ich aus veredelnd, vergeistigend auf seine Seele gewirkt. Das Ich ist Herr geworden innerhalb des Seelenlebens [...] Im Grunde besteht alles Kulturleben und alles geistige Streben der Menschen aus einer Arbeit, welche diese Herrschaft des Ich zum Ziele hat.«[151]

Phänomenal ist also der Wille, der sich aus der göttlichen Substanz des »Weltwillens« speist, für Steiner der Motor der seelischen Transformation. Er kann durch diese göttlichen Kräfte seine gesamte astralische, ätheri-

150 Rudolf Steiner, Die Geheimwissenschaft im Umriß, a.a.O., S. 67.
151 Ebd. S. 70 f.

sche und physische Organisation so verändern, daß er mehr und mehr zu einem geistbestimmten Wesen wird.

Der unsichtbare Mensch in uns

Einige Beispiele aus Steiners Vortragstätigkeit. In einem Vortrag vom 11. Februar 1923[152] beschreibt er, daß wir neben dem sinnlich-sichtbaren einen unsichtbaren Menschen in uns tragen, dem wir unsere physische Existenz verdanken. »Wir haben also gewissermaßen in uns einen unsichtbaren Menschen, der enthalten ist in unseren Wachstumskräften, auch in denjenigen verborgenen Kräften, wodurch die Ernährung zustande kommt, der enthalten ist in alledem, worüber sich die bewußte Tätigkeit des Menschen eigentlich nicht erstreckt. Aber auch in diese unbewußte Tätigkeit, bis in die Wachstumstätigkeit, bis in die tägliche Wiederherstellung der Kräfte durch die Ernährung, geht die Wirksamkeit hinein. Und diese Wirksamkeit ist eben die Nachwirkung des vorirdischen Daseins, das im irdischen Dasein ein Kräfteleib wird, der in uns wirkt, aber nicht eigentlich zur bewußten Offenbarung kommt.«[153] Die Beschaffenheit dieses unsichtbaren Menschen, skizziert Steiner dann auf einer Wandtafelzeichnung, die mit folgenden Worten begleitet wird:

»Wir haben in diesem unsichtbaren Menschen zu-

152 Rudolf Steiner, Erdenwissen und Himmelserkenntnis. 9 Vorträge, gehalten in Dornach vom 2.–18. Februar 1923, Rudolf Steiner Gesamtausgabe, Bd. 221, S. 14.

153 Zitiert nach: Rudolf Steiner, Signaturen des Geistigen. Wandtafelzeichnungen und Texte aus Vorträgen 1920–1924, Dornach 1994, S. 14.

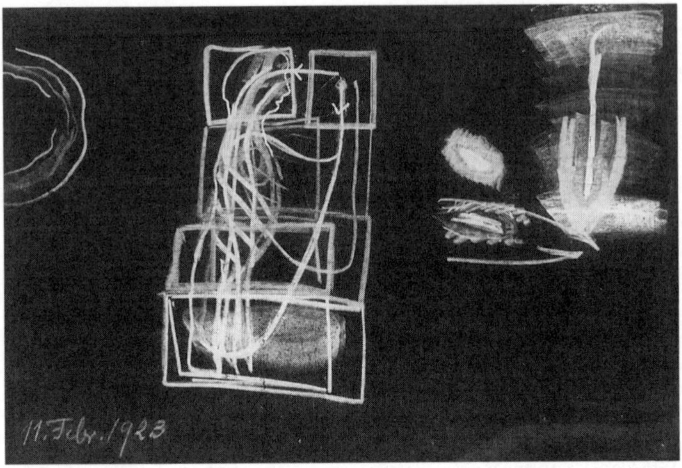

nächst die Ich-Organisation (gelb), wir haben dann die astralische Organisation (rot), dann die ätherische Organisation (blau), und wir haben die physische Organisation (weiß). Diese physische Organisation, die in Betracht kommt für den unsichtbaren Menschen, greift nun ein in die Ernährungs-Wachstumsprozesse, in alles das, was von dem unteren Menschen, wie wir ihn öfter geschildert haben, von dem Stoffwechsel-Gliedmaßenmenschen sich in der menschlichen Organisation geltend macht. Alle Strömungen, alle Kräftewirkungen in diesem unsichtbaren Menschen gehen so vor sich, daß sie ausgehen von der Ich-Organisation, dann in die astralische, in die ätherische und in die physische Organisation gehen, und in der physischen Organisation sich dann ausbreiten [...] Wir haben gewissermaßen neben diesem unsichtbaren Menschen dann den sichtbaren Menschen, den wir vor uns stehen haben, wenn der Mensch eben geboren ist. Diesen sichtbaren Menschen will ich gewissermaßen daneben zeichnen. So also würde die gegen-

Rudolf Steiner »Der unsichtbare Mensch in uns«. Wandtafelzeichnung anläßlich eines Vortrages vom 11. Februar 1923 in Dornach

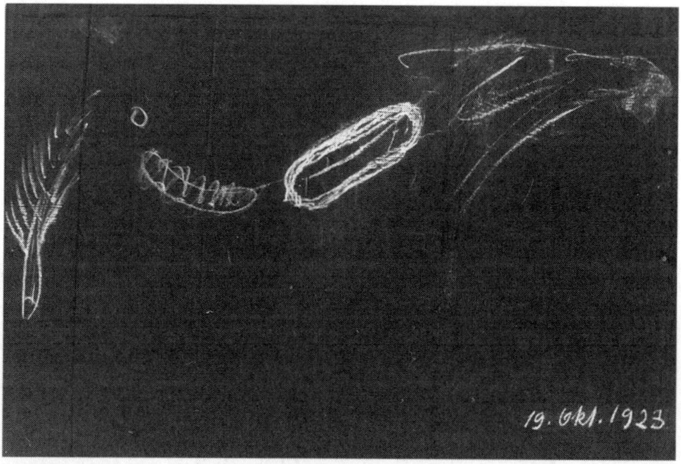

seitige Durchdringung des physischen und des überphysischen Menschen während des Erdenlebens sein.«[154]

Es sind also die drei verborgenen Kräfte des Ich, des Astralleibes und des Ätherleibes, die an der Physis des Menschen arbeiten. Das Ich ist das verborgene Willenszentrum, das dann den Astralleib, den Ätherleib und schließlich den physischen Leib des Menschen aufbaut und organisiert. Man sieht an der kleinen Zeichnung rechts, wie Steiner zunächst mit der Längsseite die vier Farben nur andeutungsweise leicht aufgetragen hat. Aus dem gelben, dem Ich oder dem Willensbereich, dem intuitiven Bereich führt ein gelber »Hauptstrom« dann schon dichter in die beiden anderen Materien, den roten Bereich des Fühlens oder inspirierten und den Bereich des Denkens oder imaginativen Bereich hinab. Hier verdichten sich die Farben so, daß ein vielschichtiges Bild des dreigliedrigen Menschen entsteht, in dem die Me-

154 Ebd.

Rudolf Steiner »Gewobenes Sonnenlicht«. Wandtafelzeichnung anläßlich eines Vortrages vom 19. Oktober 1923 in Dornach

dien sich durchdringen, wie man es dann besser noch auf der linken Tafelseite ablesen kann.

Man sieht hier die Kopforganisation als das physische Zentrum des Ichs oder des Willens, von der aus dieses die ganze physische Gestalt inspiriert. Man sieht, wie sich die astralisch-gefühlsmäßigen Kräfte vor allem im Brustbereich konzentrieren und die ätherischen Bildekräfte hauptsächlich im Bereich des Geschlechts und der Gliedmaßen angesiedelt sind. Das wiederum entspricht der Dreiteilung des physischen Leibes in drei Bereiche – dem Nerven-Sinneszentrum (Kopf), dem rhytmischen Bereich (Atmung-Blutzirkulation/Brust) und dem Stoffwechsel-Gliedmaßen-System (Unterleib) – wie Steiner sie in zahlreichen seiner Schriften und Vorträge beschreibt.

Gewobenes Sonnenlicht

In einem Vortrag aus dem Jahre 1923 – also zwei Jahre vor Steiners Tod – beschreibt er, daß der Kokon des Seidenspinners, also der Seidenraupe, gewobenes Sonnenlicht sei. In der Substanz der seidenspinnenden Raupe verkörpere sich das Sonnenlicht. Es veranlasse die Raupe dazu, sich ihren Kokon zu spinnen. Damit aber materialisiere sie die imaginativen Kräfte der Sonne, spinne sich in sie ein und verwandele mit ihrer Hilfe in dem Kokon ihre physische Gestalt.

»Wenn Sie den Kokon des Seidenspinners nehmen und sehen ihn an: das ist gewobenes Sonnenlicht, nur daß das Sonnenlicht verkörpert ist durch die Substanz der seidenspinnenden Raupe selber. Damit aber ist der Raum innerlich abgeschlossen. Das äußere Sonnenlicht ist überwunden gewissermaßen [...] Und jetzt hat die Sonne, während sie füher die physische Gewalt ausübte und die Raupe zum Spinnen ihres eigenen Kokons veranlaßte, Gewalt über das Innerliche, schafft aus dem Innerlichen heraus den Schmetterling, der nun auskriecht. Und der Kreislauf beginnt von neuem.«[155]

An den späten Vorträgen aus den Jahren 1923/24 kann man überhaupt sehr gut studieren, was Steiner meint, wenn er von den »höheren Formen des Denkens« oder einer künstlerisch inspirierten Geisteswissenschaft spricht. Der Seidenspinner »holt die Sonne auf die Erde« und bindet sie in einem Kokon aus Licht, da er nur durch ihre gestaltwandelnden Kräfte die Metamorphose von der Raupe zum Schmetterling durchmachen kann.

In einem Vortrag vom 26. Oktober 1923 treibt Steiner diese Analogie noch weiter. Er beschreibt den Prozeß der Metamorphose des Schmetterlings mit einem Geschehen, das sich auf höherer Stufe mit der Pflanzenmetamorphose vergleichen läßt. Der Schmetterling sei eine in die Luft hinaufgehobene, vom Kosmos in der Luft gestaltete Pflanze, oder, umgekehrt, die Pflanze ein Schmetterling, der an die Erde gefesselt sei. Das Ei werde wie die Wurzel von der Erde in Anspruch genommen, die Raupe in dic Blattbildungen metamorphorisiert, und schließlich entwickele sich der Falter, wie sich die Blüte aus dem Pflanzenwesen entwickelt hat:

»Kein Wunder daß jene innige Beziehung besteht

155 Rudolf Steiner in einem Vortrag vom 19. Oktober 1923 in Dornach. Zitiert nach: Rudolf Steiner, Wenn die Erde Mond wird. Wandtafelzeichnungen zu Vorträgen 1919–1924 mit ausgewählten Texten. Hrsg. von Walter Kugler mit einem Vorwort von Walter Dahn und Johannes Stüttgen, Köln 1992, S. 18.

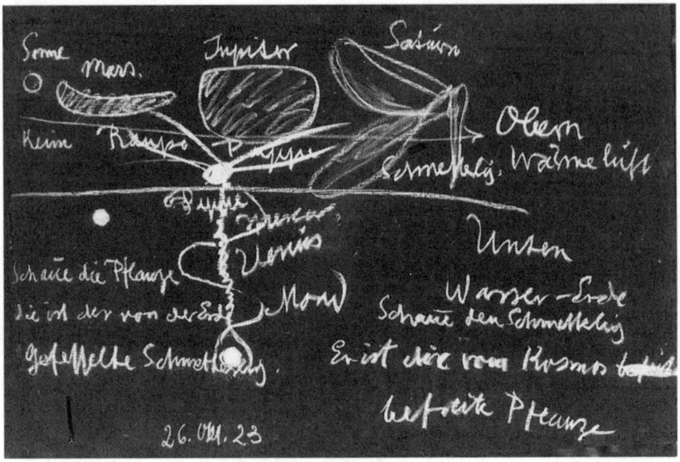

zwischen der Schmetterlings- und Insektenwelt überhaupt und der Pflanzenwelt. Denn eigentlich müssen ja jene geistigen Wesenheiten, welche den Insekten, den Schmetterlingen zugrunde liegen, sich sagen: Hier unten sind unsere Verwandten, mit denen müssen wir es halten, wir müssen uns mit ihnen verbinden, denn sie sind unsere Brüder, die hinuntergewandelt sind in das Erdenreich, die von der Erde gefesselt sind, die das andere Dasein gewonnen haben. Und wiederum, es könnten die Geister, die die Pflanzen beseelen, hinaufschauen zu den Schmetterlingen und könnten sagen: Das sind die Himmelsverwandten der Erdenpflanze. Sehen Sie, man kann schon sagen: Verständnis der Welt kann nicht entstehen mit Abstraktionen, denn die Abstraktionen reichen nicht zum Verständnisse hin. Denn das, was im Kosmos wirkt, ist schon die größte Künstlerin. Der Kosmos gestaltet alles nach Gesetzen, die im tiefsten Sinne auch den Künstlersinn befriedigen. Nie-

Rudolf Steiner »Denn das, was im Kosmos wirkt, ist schon die grösste Künstlerin«. Wandtafelzeichnung anläßlich eines Vortrages vom 26. Oktober 1923 in Dornach

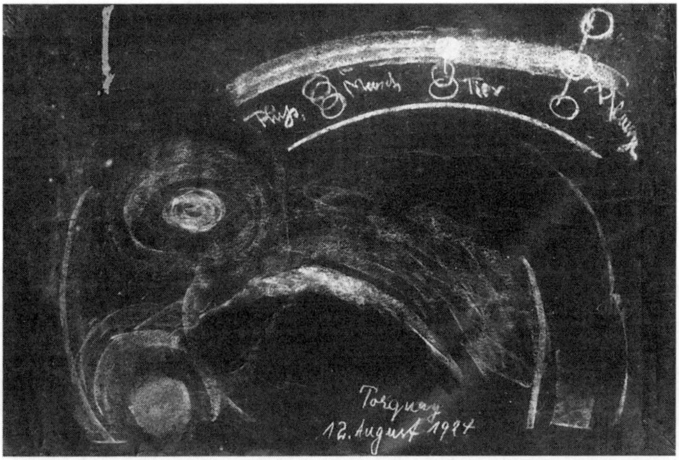

Rudolf Steiner »Leben in drei Welten«. Wandtafelzeichnung anläßlich eines Vortrages vom 12. August 1924 in Torquay

mand kann den in die Erde versenkten Falter verstehen anders, als indem er im Künstlersinne metamorphosiert, was abstrakte Gedanken sind. Niemand kann verstehen den in die Luft vom Lichte und von den kosmischen Kräften hinaufgehobenen Pflanzenblüteninhalt in dem Schmetterling, der nicht wiederum in künstlerische Bewegung bringen kann die abstrakten Gedanken. Es bleibt aber immerhin etwas ungeheuer Erhebendes, wenn wir diese tiefe innere Verwandtschaft der Naturdinge und Naturwesen ins Auge fassen.«[156]

Ein letztes Beispiel, diesmal aus dem Jahre 1924, das direkt an die Philosophie Platons und Plotins erinnert. Beide hatten gesagt, daß das, was wir im irdischen Bereich an Materie auffinden, nichts anderes als Spiegelungsformen der Ideenwelt seien. Dieser Darstellung geht Steiner in der folgenden Beschreibung des Wesens der Pflanze nach. Er beschreibt, daß die Pflanze ihrem

156 Ebd. S. 28.

Wesen nach nur als Idee existiert. Die irdische Pflanze sei lediglich eine Spiegelung und werde gleichsam nur mit Erdenmaterie aufgefüllt. Ihr Selbstbewußtsein befände sich weder in der physischen noch in der seelischen, sondern nur in der geistigen Welt, was bedeutet, daß sie sich nur als reines Formprinzip erleben kann.

Das Selbstbewußtsein des Tieres erlebe sich schon als seelisches Wesen, aber dieses Selbstbewußtsein finde nur in der Astralwelt statt. Das Tier könne nur seelisch wahrnehmen, die Erkenntnis der physischen Zusammenhänge entzögen sich ihm. Lediglich der Mensch habe in den physischen Zusammenhängen sein Selbstbewußtsein entwickelt, und daher reichen in ihm auch Leib Seele und Geist auf die Erde herab: »Und jetzt lernen wir kennen, wie wir als Menschen auch dasjenige in uns tragen, was von den Pflanzen die eigentliche Wesenheit da oben ist. Wir bringen nur ins Spiegelleben der Erde herunter das, was die Pflanzen oben lassen. Die Pflanzen bleiben oben im Geisterland. Sie senden auf die Erde ihre Spiegelbilder. Wir Menschen tragen unser Seelenhaftes, das auch dieser Welt angehört, hier in diese Spiegelwelt herein, sind nicht bloße Spiegelbilder, sondern sind jetzt auf Erden auch seelische Realitäten. Wir leben auf Erden zunächst in drei Welten: in der Welt des Physischen, in der Welt, in der die Tiere mit ihrem Selbstbewußtsein nicht leben. Aber wir leben als Menschen zu gleicher Zeit in einer zweiten Welt, in der die Tiere mit ihrem Selbstbewußtsein leben, in der astralischen Welt. Nur tragen wir diese mit uns herunter in die physische Welt. Wir leben auch noch in der dritten Welt, in der die Wahrheit des Pflanzenwesens lebt, in der geistigen Welt. Nur senden die Pflanzen auf die Erde bloß ihre Spiegelbilder herunter, wir unsere See-

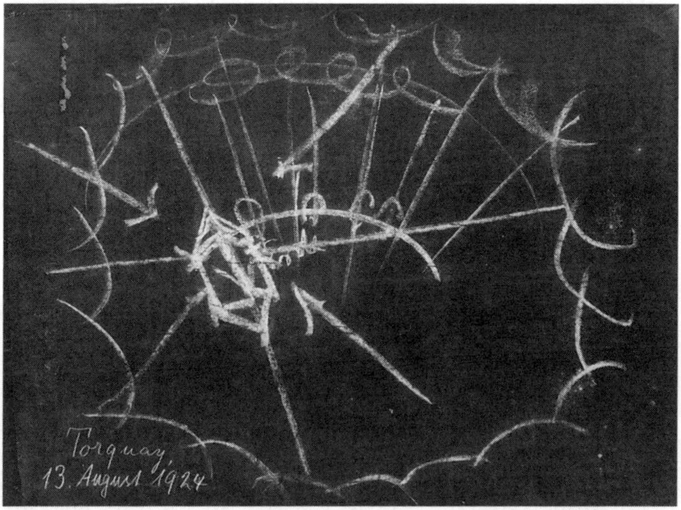

lenrealitäten. Und jetzt können Sie sagen: Ein Wesen, das hier auf der Erde Leib, Seele und Geist hat, lebt mit Leib, Seele und Geist in der physischen Welt und ist Mensch.«[157]

Die Beispiele ließen sich fortführen, etwa wenn Steiner die Befruchtung des Regens durch den Blitz oder den Duft der Pflanzen als eine Verkörperung des Gasförmigen der Planeten auf der Erde beschreibt. Das menschliche Herz erscheint als aus dem Golde des Lichtes aufgebaut, oder »wir schauen die Götter in den Kristallen an«.

157 Ebd. S. 98.

Rudolf Steiner »Wir schauen die Götter in den Kristallen an«. Wandtafelzeichnung anläßlich eines Vortrages vom 13. August 1923 in Torquay

Dies alles sind sicherlich sehr poetische Wendungen, aber Steiner betont ihren rationalen Kern. Sie entspringen einem »magischen« Weltbild, einem eigentümlichen Spannungsverhältnis aus rationalistischer Erkenntnistheorie, esoterisch-theosophischen Elementen und einem Denken, das sich selbst als ein künstlerisch inspiriertes, erweitertes Denken begreift. »Es ist ja durchaus für denjenigen, der im Sehertum drinnen lebt, eine Erfahrung, daß die Quelle, die wirkliche Quelle, aus welcher der Künstler schafft, genau dieselbe ist, aus welcher heraus der Seher, der Beobachter der geistigen Welten, seine Erfahrungen macht. Nur ist die Art und Weise, wie der Seher versucht, seine Erfahrungen zu machen und diese Erfahrungen in Begriffe, in Gedanken zu prägen, und zwischen dem Schaffen des Künstlers ein Unterschied, ein beträchtlicher Unterschied [. . .] Aber die Quelle, das muß betont werden, aus welcher Künstler und Seher schöpfen, ist in Wirklichkeit ein und dieselbe.«[158]

Rudolf Steiner beschreibt die Entwicklungsgeschichte des Kosmos als die Geschichte des Menschen. Die kosmische Evolution ist darauf angelegt, den Menschen als ein freies, selbstbewußtes und kreatives Wesen zu schaffen.

An dieser Schöpfung nimmt nicht nur die gesamte Hierarchie des Himmels, sondern auch der Mensch in seiner transzendentalen Gestalt als Makroanthropos, als makrokosmischer Mensch teil. In Verbindung mit den transzendentalen Geistmächten schafft er über Äonen einen Weltraum, in dem er sich als ein irdisches Wesen

158 Die Quellen der künstlerischen Phantasie, a.a.O., S. 169.

verkörpern kann. Hier findet er sich zunächst als ein abhängiges Wesen. Er ist von den Göttern geschaffen, von ihrem Willen abhängig und richtet sich ganz nach den Gesetzen der göttlichen Ordnung aus. Durch die Entwicklung seiner Bewußtseinskräfte wird diese alte Abhängigkeit in langen geistesgeschichtlichen Zyklen allmählich aufgehoben, und er wird sich seiner Autonomie bewußt.

Eine moderne Freiheitsphilosophie, das betont Steiner immer wieder, kann den Menschen nicht aus der metaphysischen Unsicherheit entlassen, in die er seit dem Zerbrechen der religiösen Welbilder geriet. Der Gehorsam, den sie forderten, widerspreche einem Denken, das sich von den Eierschalen der Metaphysik befreit habe. Ein modernes Denken dürfe den Widersprüchen und Spannungen, denen das moderne Subjekt ausgesetzt sei, nicht aus dem Wege gehen. So rezipiert Steiner die moderne Naturwissenschaft nicht, um sie zu bekämpfen oder zu überwinden, sondern um ihre Begrenztheit aufzuweisen und gedankliche Wege anzuführen, auf denen sie sich seiner Meinung nach erweitern läßt.

Steiners Anthroposophie ist ein Versuch, den Menschen, allen Tendenzen zur Atomisierung der Kultur und der Wissenschaften zum Trotz, ganzheitlich zu sehen. Seine Antwort auf die Frage nach dem Ursprung und dem Ziel des Menschen in der Welt ist religiös, wissenschaftlich und künstlerisch. Er selbst wies immer wieder darauf hin, daß man die Anthroposophie nicht im Sinne einer Lehre, einer Religion, oder eines weltanschaulichen Dogmas mißverstehen möge. Sie sei ein Angebot an das Denken und an das Denkbare. Darin allein bestehe ihr tieferer, aus der Idee der Freiheit des Denkens schöpfender Sinn.

Beuys

und in uns ... unter uns ... landunter

Am 5. Juni 1965 findet von 0–24 Uhr in der Wuppertaler Galerie Parnass eine denkwürdige Fluxus-Aktion statt.[159] Teilnehmer sind neben Joseph Beuys, Bazon Brock, Charlotte Moorman, Nam June Paik, Eckart Rahn, Tomas Schmit und Wolf Vostell. Man hatte, so Bazon Brock, den Künstlern das Thema gestellt, einen Zeitraum von 24 Stunden »durch Geschehnisse zu gestalten«. Während dieser Zeit agieren nun die sieben Künstler in je einem eigenen, zur Galerie gehörigen Raum. Wolf Vostell hat dazu mehrere Käfige bereitgestellt, in denen ein dutzend Statisten übereinandergestapelt sind. In einer Glasvitrine sitzt ein Mädchen, das er von Zeit zu Zeit mit Mehl überschüttet. Ein Stacheldraht, der quer durch den Raum gelegt wurde, wird von den Vibrationen einer Waschmaschine voranbewegt. Vostell selbst liegt die meiste Zeit auf dem Boden und sticht Stecknadeln in Lungen, Speiseröhren und andere herumliegende Organe. Titel der Aktion: *Die Folgen der Notstandsgesetze.*

Bazon Brock, wie Adriani/Konnertz/Thomas schreiben, der »Literat« unter den Künstlern, »steht Kopf vor

159 Vgl. Uwe M. Schneede, Joseph Beuys – Die Aktionen, Ostfildern-Ruit 1994. Die folgende Beschreibung der Aktion stützt sich in erster Linie auf diese aktuelle Publikation und auf die noch unter Beuys Mitarbeit entstandene Lebens- und Werkbiographie von Götz Adriani/Winfried Konnertz/Karin Thomas.

einer langsam rotierenden Scheibe, die, verborgen hinter einer feststehenden Scheibe mit Loch, alle fünfzehn Minuten einen neuen Buchstaben vor die Öffnung schiebt. Die Buchstaben bilden nach vierundzwanzig Stunden den Text: ›Nach experimentellen Ergebnissen tötet ein Gramm Kobragift 83 Hunde, 715 Ratten, 330 Kaninchen oder 143 Menschen.‹«[160] Nam June Paik steuert in einer *robot opera* seinen ferngesteuerten Robot KT 678 durch den Raum. Tomas Schmit führt eine *Aktion ohne Publikum* durch. In einem Kreis hat er um sich einige Plastikeimer aufgestellt, in die er nacheinander Wasser von einem Eimer zum anderen gießt. Sobald ein Zuschauer den Raum betritt, beendet er seine Tätigkeit. Er beginnt erst wieder, wenn der Zuschauer den Raum verlassen hat. »Eckart Rahn produziert mit Lautsprecher, Absaugmikrofon und monoton gespielter Blockflöte sowie mit Kontrabaß eine Art Geräuschmusik [...]«[161], während Charlotte Moorman, in einen Plastiksack gehüllt ein Stück von John Cage auf dem Cello und Nam June Paik La Monte Youngs Piano-Stück auf dem Klavier intoniert.

Während der gesamten Dauer von 24 Stunden hockt Beuys die meiste Zeit auf einer kleinen, mit Wachstuch beschlagenen Apfelsinenkiste, unter der sich, für die Zuschauer unsichtbar, ein mit destilliertem Wasser gefülltes Glas befindet, in dem eine Christrose schwimmt. Vor der Kiste, auf einem Holzblock, befinden sich zwei doppelstielige, herzförmige Spaten, die Beuys von Zeit zu Zeit in

160 Götz Adriani/Winfried Konnertz/Karin Thomas, Joseph Beuys. Leben und Werk, Köln 1986³, S. 148.
161 Ebd.

Aus der Aktion »und in uns ...
unter uns ... landunter«,
Galerie Parnass, Wuppertal 1965

den Boden rammt oder wie einen Speer in den Raum schleudert.

Beuys: »Während der Aktion [...] hielt ich den Spaten auf der Höhe meines Herzens und hob ihn zuweilen über meinen Kopf, was Balance erforderte. Von Zeit zu Zeit wurden die Spaten in den Boden gerammt oder wie Speere geschleudert. Das ergab eine akustische Unterbrechung des Tempos, wie es oft bei meinen Aktionen geschah.«[162] Auf dem Boden befinden sich weiterhin ein mit Fett verlängerter Spazierstock und eine mit Fett gefüllte Zinkkiste, die Beuys schon bei einer Aktion 1964 in Aachen mitgeführt hatte. Neben ihr ein Schild mit der Aufschrift: »Walk along the line to the 20th July AACHEN-Fettkiste«, ein rostrot bemalter, mit Fett unterkeilter Notenständer mit Rückspiegel, ein »Fettkissen« auf einem Holzständer, in das Beuys von Zeit zu Zeit »hineinhorcht« oder das er zuweilen anhaucht. Neben diversen anderen Gegenständen verdient noch eine kleine schwarze Tafel Erwähnung, auf der mit Kreide spiegelverkehrt die Buchstaben PAN XXX ttt aufgezeichnet sind.

Während der ganzen 24 Stunden sitzt, kniet oder hockt Beuys die meiste Zeit auf der Kiste und führt mit den mitgeführten Materialien gestische Aktionen durch. So gibt er beispielsweise immer wieder einer vor ihm auf dem Notenständer liegenden Partitur folgend in bestimmten Abständen durch ein mitgeführtes Mikrofon ganz bestimmte Laute und Geräusche ab, arbeitet mit den Spaten, bettet den Kopf wie zum Schlaf auf das Fett, führt sich die für die lange konzentrierte Aktion notwendige Energie von den beiden vor ihm auf

162 Schneede, a.a.O., S. 85.

dem Boden liegenden Fettkeilen zu oder bläst in einen kleinen Blechkegel, den er als »akustisches Objekt« benutzt. Die ganze Szene spielt sich vor einer Art »Bühnenbild« ab, mit dem Beuys den Raum zuvor präparierte: einer Filzdecke und einem weißen Leinentuch, die über eine in etwas mehr als Kopfhöhe angebrachten Stange geworfen sind.

Die einzelnen Aktionssequenzen, die, wie Schneede schreibt, »detailliert kaum noch zu rekonstruieren sind, fügten sich zu langen, rhythmisch gegliederten Abläufen, welche innerhalb der 24 Stunden in Varianten wiederkehrten, nach Bazon Brock vielleicht sechs bis siebenmal.«[163] Beuys selbst kennzeichnet den Charakter der Aktion wie folgt: »Hier geht es über den physikalischen Bereich hinaus, es geht in den Begriff Plastik, insofern als das Moment der dehnbaren Bewegung als Erlebniszustand in Zeit und Raum gegeben ist, und das heißt: Ausdehnung in den geistigen Raum. [...] Die normale Zeit – etwa die Zeit des Tages – ist nur die physikalische Seite der Zeit [...] Ich versuche sozusagen hinter die Zeit zurückzukehren, um sie als etwas sichtbar zu machen, das aus einer kreativen Richtung kommt.«[164]

Energieplan

Zu dieser von Beuys *und in uns... unter uns... landunter* genannten Aktion erscheint noch im gleichen Jahr unter Beteiligung aller an der Aktion beteiligten Künstler eine größere Publikation. In ihr veröffentlicht Beuys einen

163 Ebd. S. 86.
164 Ebd. S. 91.

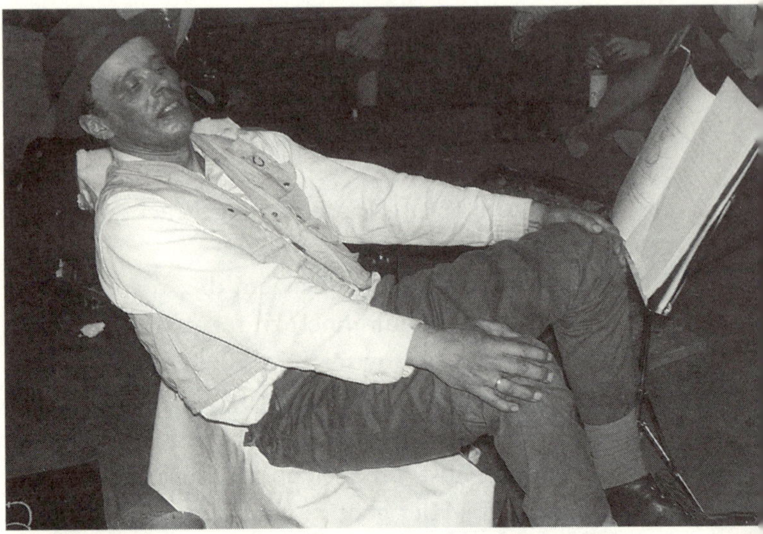

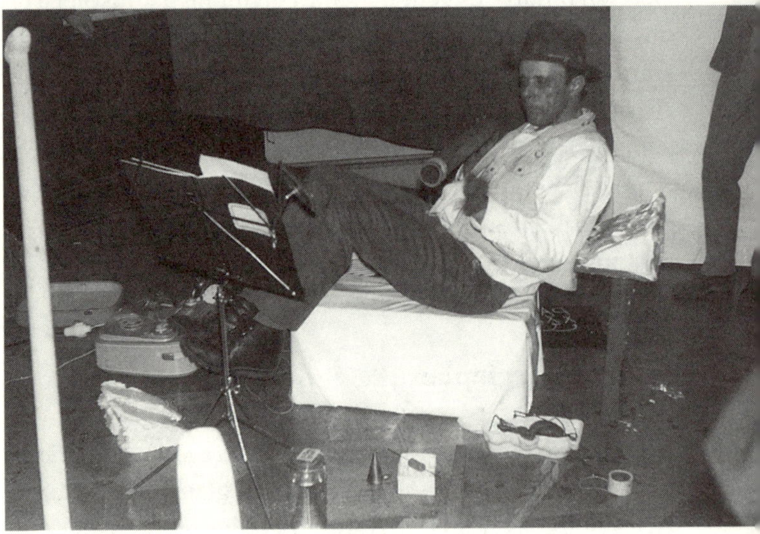

Aus der Aktion »und in uns . . .
unter uns . . . landunter«,
Galerie Parnass, Wuppertal 1965

Aus der Aktion »und in uns ...
unter uns ... landunter«,
Galerie Parnass, Wuppertal 1965

elfseitigen Beitrag, der der Aktion in Teilen bereits als Partitur zugrundelag und der mit dem Titel *Energieplan* überschrieben ist. Hier heißt es unter anderem programmatisch: »Glauben Sie immer noch daß die Wahrheit nur erfaßt und nicht erzeugt wird?«[165], ein Satz, der sich, wie wir gleich sehen werden, als Gegenthese zur Theoriebildung der modernen Physik versteht. Dann ruft Beuys eine Reihe mathematischer Formeln auf. Sie gelten der Berechnung des Weltvolumens nach Einstein, der Planckschen Quantentheorie und der Heisenbergschen Unbestimmtheitsrelation. Sie werden von ihm lakonisch mit der Frage kommentiert: »Konnte der wilde Reiter, der große Khan nachdem er die Fluxuspost empfangen hatte damit noch zufrieden sein?« »Yes«, antwortet daraufhin der »Hirschführer«, eine Gestalt, die in Zeichnungen von Beuys immer wieder erscheint, »No«, dann aber der »Chef der Hirschführer«, der mit diesen Formeln nicht einverstanden ist. Er nimmt, wie es weiter heißt, den kugelförmigen Fettballen dicht vor seine Stirn und schlägt dabei vor Wut so heftig in die Pfanne, daß die Kunstpillen nur so durch die Gegend fliegen. Es folgt das bereits erwähnte Zitat: »Glauben Sie immer noch, daß die Wahrheit nur erfaßt und nicht erzeugt wird? Käse untersockeln. Warum?«

Nachdem der Chef der Hirschführer also nicht einverstanden ist mit den Theoriebildungen der modernen Physik – Beuys führt später noch das Zitat des Physikers Pascal Jordan, »Wirklich ist für den Physiker nur das, was

165 Zuerst veröffentlicht in: Joseph Beuys/Bazon Brock/Rolf Jährling/Ute Klophaus/Charlotte Moorman/Nam June Paik/Eckart Rahn/Tomas Schmit/Wolf Vostell, 24 Stunden, Itzehohe 1965. Die Partitur von Beuys ist unter anderem vollständig wiedergegeben in: Schneede, a.a.O., S. 89.

gemessen werden kann«, an – und auch dies wird vom Chef der Hirschführer mit Gebrüll quittiert –, führt Beuys nun im Gegenzug seine eigene Wärme- und Zeittheorie ein:

»Seit der Wärmetheorie von Beuys FLUXUS hat der Mensch Alles. Sehen Sie Vorstoßblock I:

PAN
Leben nach dem Tod XXX
Überzeit ttt
Gegenraum
↑
Wärme ← irdisches Leben → Kälte
↓
Raum
Zeit
Tod

die Formeln von Planck und Einstein bedurften dringend der Erweiterung, da sie ohne diese auch nur Raumhypertrophie zu erzeugen in der Lage sind. Der Wert h läßt sich aus der Planck-Formel als ›der Mensch‹ identifizieren. h ist der Wert, auf den alle Zukunft zuläuft.

Gong
h=mensch«[166]

Mit dem mathematisch-physikalischen Zeichen h bezeichnet Max Planck ein sogenanntes »Wirkungsquantum«, eine Einheit, die sich aus den Parametern »Dimension: Energie x Zeit = Wirkung« zusammensetzt und das

166 Aus Joseph Beuys, Energieplan, 1965.
Zitiert nach: Schneede, ebd. S. 89.

von der Physik als eine universelle, naturkonstante Wirkungseinheit angesehen wird. In Beuys Wärmetheorie erscheint diese universelle Einheit nun aber nicht mehr als eine physikalische, sondern als eine anthropologische Kategorie:

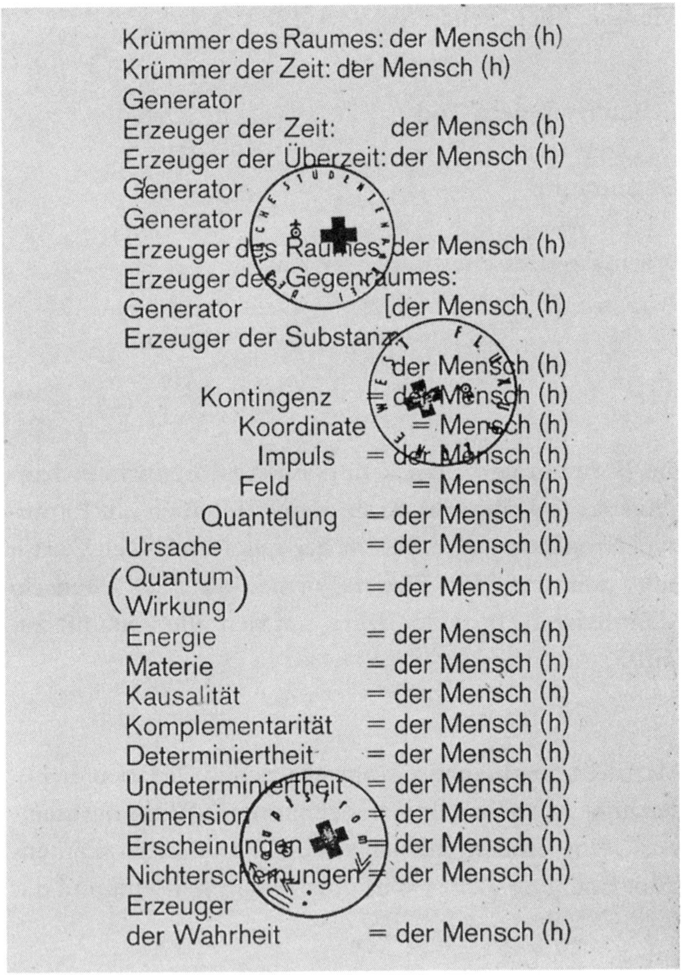

Krümmer des Raumes: der Mensch (h)
Krümmer der Zeit: der Mensch (h)
Generator
Erzeuger der Zeit: der Mensch (h)
Erzeuger der Überzeit: der Mensch (h)
Generator
Generator
Erzeuger des Raumes: der Mensch (h)
Erzeuger des Gegenraumes:
Generator [der Mensch (h)
Erzeuger der Substanz:
der Mensch (h)
Kontingenz = der Mensch (h)
Koordinate = Mensch (h)
Impuls = der Mensch (h)
Feld = Mensch (h)
Quantelung = der Mensch (h)
Ursache = der Mensch (h)
(Quantum Wirkung) = der Mensch (h)
Energie = der Mensch (h)
Materie = der Mensch (h)
Kausalität = der Mensch (h)
Komplementarität = der Mensch (h)
Determiniertheit = der Mensch (h)
Undeterminiertheit = der Mensch (h)
Dimension = der Mensch (h)
Erscheinungen = der Mensch (h)
Nichterscheinungen = der Mensch (h)
Erzeuger
der Wahrheit = der Mensch (h)

Aus Joseph Beuys ›Energieplan‹, 1965. Katalogdeckel der Ausstellung »Joseph Beuys, Werke aus der Sammlung Karl Ströher«. Kunstmuseum Basel, Emanuel Hoffmann-Stiftung, November 1969–Januar 1970

»Krümmer des Raumes: der Mensch (h)
Krümmer der Zeit: der Mensch (h)
Generator
Erzeuger der Zeit: der Mensch (h)
Erzeuger der Überzeit: der Mensch (h)
Generator
Generator
Erzeuger des Raumes: der Mensch (h)
Erzeuger des Gegenraumes: der Mensch (h)
Generator
Erzeuger der Substanz: der Mensch (h)
Kontingenz = der Mensch (h)
Koordinate = Mensch (h)
Impuls = der Mensch (h)
Feld = Mensch (h)
Quantelung = der Mensch (h)
Ursache = der Mensch (h)
Quantum
Wirkung = der Mensch (h)
Energie = der Mensch (h)
Materie = der Mensch (h)
Kausalität = der Mensch (h)
Komplementarität = der Mensch (h)
Determiniertheit = der Mensch (h)
Undeterminiertheit = der Mensch (h)
Dimension = der Mensch (h)
Erscheinungen = der Mensch (h)
Nichterscheinungen = der Mensch (h)
Erzeuger der Wahrheit = der Mensch (h)«[167]

167 Ebd.

h ist die Größe, die allen physikalischen Erscheinungen zugrundeliegt. h ist der Krümmer des Raumes, und h der Krümmer der Zeit. h ist Erzeuger der Zeit und Erzeuger der Gegenzeit. h Erzeuger des Raumes und des Gegenraumes. h ist ein Generator. Er ist der Erzeuger der Substanz. h ist Kontingenz, Koordinate, Impuls und Quantelung, ebenso wie er Ursache, Wirkung, Quantum, Energie und Materie und schließlich, ganz im Sinne des erwähnten Zitates, Erzeuger der Wahrheit ist.

Der Mensch hat den Elephanten gemacht

Was aber ist mit diesem Lehrstück physikalischer Poesie – unabhängig von der parodistischen Seite des Textes – gemeint? Steht hinter ihm die Kantische Idee, derzufolge wir es sind, die in einer Art schöpferischer Denkleistung die Dinge, indem wir sie betrachten, zugleich auch erzeugen? Oder begreift Beuys Erzeugung im Sinne der Romantiker als eine Erzeugung durch die produktive Einbildungskraft, die schöpferische Phantasie? Ist mit ihr eine Erzeugung im Sinne der Ich-Philosophie Fichtes gemeint, der die gesamte objektive Welt als eine »Setzung« des Ich begreift? Oder konterkariert sie vielleicht nur auf humorvolle Weise die Ergebnisse der modernen Physik?

Einen aufschlußreichen Hinweis in dieser Sache gibt Johannes Stüttgen in einem Vortrag, den er im Jahre 1995 anläßlich des zweiten Joseph-Beuys-Symposiums in Kranenburg hielt. Stüttgen berichtet hier von einem der sogenannten *Ringgespräche* in der Düsseldorfer Kunstakademie, die seit dem Sommersemester 1966 in der Beuys-Klasse stattfanden. Das Gespräch, so Stüttgen, hatte sich an der Darwinschen Evolutionstheorie entzündet, die von einer Seite der Gesprächsteilnehmer gegen die These von Beuys, daß der Geist und nicht die materiellen Verhältnisse am Anfang von allem stehen, vorgebracht worden war. Beuys, so Stüttgen weiter, war den Ausführungen zunächst ganz ruhig gefolgt, habe dann aber auf einmal, nachdem hinreichend klargestellt war, daß Mensch und Denken nichts anderes als vom physischen Gehirn und seinen chemischen Reaktionen abhängige und in Jahrmillionen den materiellen Verhältnissen angepaßte Produkte des Evolutionsprozeßes seien, und nachdem der Redner es dann auf den Punkt gebracht habe, nämlich daß der Mensch schließlich nicht von einem Gott oder Geist, sondern, platt gesagt, eben doch vom Affen abstamme, da habe Joseph Beuys laut dazwischen gerufen: »Nein – eben genau umgekehrt: Der Mensch hat den Affen gemacht!« Dieser Satz habe auf ihn, Stüttgen, gewirkt wie der Schlag einer Axt. »Der Satz hielt plötzlich die Zeit an, die Sekunden dieser absoluten Stille waren eine Ewigkeit.« Nach einiger Zeit habe Beuys dann ein Stück Kreide genommen und eine Zeichnung auf den Boden gemalt. »[...] einen schwebenden Menschen und unter ihm einen Kreis, die Erde, die von der kosmischen Menschengestalt herausgestülpt worden war. ›Er hat sich die Erde gemacht, weil er sie brauchte, um weiterzukommen‹, meinte Beuys. ›Warum‹, fragte ich, ›brauchte der Mensch die Erde, um weiterzukommen?‹ – ›Damit‹, so die Antwort, ›das Freiheitswesen entwickelt werden konnte! Der Mensch brauchte die Materie als Widerstand, um sich daran zu stossen, sich seiner selbst als Freiheitswesen gewahr zu werden! [...] Er brauchte die Erde, um sich selbst zu inkarnieren, und dieser Vorgang vollzog sich in vielen einzelnen Phasen.‹ Beuys zeichnete in den Erdkreis und um ihn herum die Pflanzen hinein und ließ sie aus Pfeilen, die der Mensch von oben nach unten schickte, hervorkommen, ›er schickte die Pflanzen voraus, dann die Tiere – sie alle seine Organe, die das physische Feld für ihn vorbereiteten, es für ihn präparierten – ja, und die letzte Versuchsanordnung vor der eigenen vollständigen Ankunft, das war der Affe! Er ist ja fast schon ein Mensch!‹ Joseph Beuys lachte und vollzog für einen Moment eine affenartige Körperhaltung, ›er war der letzte, man könnte fast sagen: noch nicht restlos geglückte Versuch, die am weitesten vorangeschobene Vorhut. Der Affe ist eine tragische Gestalt!‹ Joseph Beuys zeichnete die Tiere hinzu, die Fische, Vögel, Hasen und Elephanten, dann noch den Affen als letztes und schließlich den Menschen selbst.«[168]

Wärme und Kälte

Der Mensch, so wie Beuys hier von ihm spricht, ist ein Gott. Es gibt viele Assoziationen, die dieses Bild eines die Erde aus sich »herausstülpenden« Menschen hervorrufen kann – die Figur jenes kabbalistischen Adam Quadmon,

168 Johannes Stüttgen, »Der Mensch hat den Elephanten gemacht«. Die Anfänge der Ringgespräche in der Düsseldorfer Kunstakademie. Öffentlicher Vortrag anläßlich des zweiten Joseph Beuys-Symposiums, Kranenburg 1995. In: Joseph Beuys Symposium Kranenburg 1995. Hrsg. vom Förderverein »Schloß Moyland e.V.« in Zusammenarbeit mit der Stiftung Schloß Moyland – Sammlung van der Grinten – Joseph Beuys Archiv des Landes Nordrhein-Westfalen, Basel 1996, S. 304 f.

der als mystischer Weltkörper die Welt und den Menschen nach seinem Ebenbild formt, das Bild des Kosmosmenschen in den Visionen der Hildegard von Bingen oder die Entsprechungslehre des Hermes Trismegistos, derzufoge der Mikrokosmos ein genaues Abbild des Makrokosmos und jener wiederum ein Abbild des Mikrokosmos ist. Sicherlich spielen alle diese Mythologien in dieses Bild hinein, und mit Sicherheit hat Beuys sie gekannt. Wichtiger aber scheint das Ideenbild selbst zu sein. Denn dieser erste Mensch, der die Erde in einem allmählichen, immer deutlicher sich ausdifferenzierenden Prozeß entstehen läßt, ist der Urtyp des Künstlers, eine transzendentale Wesenheit, die das Schöpferische in höchstem Maße repräsentiert.

Aufschlußreich, was das Wesen dieses Schöpfungsprozesses betrifft, ist vor allem Beuys' *Plastische Theorie*. Hier werden die Transzendentalien genannt, die einem schöpferischen Vorgang, transzendental und phänomenal, zugrundeliegen. Es ist die alte platonische Trias von Vernunft, Willen und Gefühl, oder, in stofflichen Zusammenhängen, das plastische Urprinzip von Chaos, Bewegung und Form. Wie Platon sieht Beuys in den Ideen, oder wie er es mit Blick auf Rudolf Steiner formuliert, im Denken die schöpferische Urpotenz. »Bereits im Denken«, so Beuys bei einem Vortrag aus dem Jahre 1977, »liegt der Formvorgang gegründet, der dann durch meine Leibesorgane und andere Werkzeuge als Abdruckcharakter in die Welt und dort zu einer Form kommt, die informiert.«[169] Oder in einem Gespräch

169 Joseph Beuys – Eintritt in ein Lebewesen. Vortrag, gehalten am 6. August 1977 im Rahmen der Free-International-University (FIU), documenta 6 in Kassel. Zitiert nach:

mit Robert Filliou aus dem Jahre 1970: »Das sind alles Dinge, die mit dem Begriff Plastik insofern zusammenhängen, weil Plastik den genetischen Ursprungspunkt bezeichnet. Da wo der Mensch also wirklich nicht abhängig ist von seiner äußeren Objektwelt, also seiner Umwelt, sondern ganz unabhängig ist aufgrund seines Denkens und seines Freiheitsbegriffs. Es wird also in meinem Sinne das Denken schon als Plastik bezeichnet. Weil das Denken nicht auf etwas Weiteres zurückgeführt werden kann, weil es nicht abhängig ist von der äußeren Objektwelt. Da wo das Denken entsteht, ist kein einziges Objekt in der Außenwelt beim Menschen vorhanden. Da wo das Denken sich betätigt, bin ich nicht konfrontiert mit einer Sache, die mich von außen beeinflußt. Denn da wo Denken ist, kann nichts anderes stattfinden. Das kann nur in mir selber sein. Es kann sozusagen nur von einem Kreationspunkt ganz neu in die Welt hineinkommen.«[170]

Aber nicht das Denken allein bedingt den schöpferischen Prozeß. Hinter ihm stehen Wille und Gefühl. Der Wille als treibende Kraft, die überhaupt erst bedingt, daß etwas entsteht. Nicht im Sinne Schopenhauers, der den Willen als eine dunkle, triebbestimmte Kraft begreift, sondern als Wille zur Gestaltung, der durch die »Liebe zur Sache« inspiriert den künstlerischen Arbeitsprozeß prägt: »Der selbstlose Wille [...] hat die Freiheit zur Tat

Harlan/Rappmann/Schata, Soziale Plastik. Materialien zu Joseph Beuys, Achberg 1984^{3}, S. 125.

170 Zitiert nach: Johannes Stüttgen, Das Kraftfeld des »Erweiterten Kunstbegriffes« von Joseph Beuys. Vortrag im Rahmen einer Vortragsreihe von sieben Vorträgen zu Joseph Beuys in dessen Todesjahr 1986. Museumsverein Mönchengladbach (Hrsg.) 1986, S. 111 f.

begründet. Wenn aber in dieser Freiheit kein Zwang mehr vorhanden ist, was zwingt mich dann, noch etwas zu tun? Denn um Abhängigkeiten und Zwänge kann es sich bei der Freiheit nicht handeln. Noch einmal: wenn das ganze System des kreativen Quellpunktes für die Produktion mich vollkommen in Freiheit läßt, was bringt mich dann dahin, zur Tat zu schreiten? Die Liebe zur Sache. – Zwischen Wille und Denken wirkt nun das Herz, in dem die Liebe zur Sache die einzige Veranlassung ist.«[171]

Denken, Wille, Gefühl – Chaos, Bewegung, Form sind die kreativen Urprinzipien des schöpferischen Prozesses. Anhand des Fettes hat Beuys diese Formbildungs-, Formverwandlungs- und Formauflösungsprozesse immer wieder demonstriert. Allen Formvorgängen in der Natur liege dieses Schema zugrunde. »Wenn man über die Entstehung von Stofflichkeit, auch im Sinn der Substanz, beispielsweise von Honig und Bergkristall, Kupfer und so weiter, spricht, dann kommt man doch zurück auf dieses Wärmeprinzip als einer Substanz, die gar nicht vorhanden ist als Stoff, sondern evolutionärer Auslöser ist, die kreatives Urprinzip ist.«[172]

Ein Blick auf die ikonographische Entwicklung des Werkes zeigt, daß sich Beuys bereits sehr früh mit dem Wärmebegriff beschäftigte. Dieser taucht als spiritueller Wärmebegriff zuweilen in christlicher Symbolik auf, oder wird – wie das Beispiel der Biene oder des Bienenstaates zeigt – in Naturzusammenhängen illustriert. Wärme ist für Beuys eine universelle Energie, die sowohl

171 Eintritt in ein Lebewesen, a.a.O., S. 127.
172 Volker Harlan, Was ist Kunst? Werkstattgespräch mit Beuys, Stuttgart 1986, S. 69.

in physischen, als auch in seelischen Prozessen erlebbar wird. Ähnlich der Lichtmetaphysik der Neuplatoniker sieht er physische Energieformen als eine Art kondensierter seelischer und, im Falle des Lichtes, geistiger Prozesse an. Stoffe und Formen sind Chiffren und Ausdrucksformen eines höherwertigen Prinzips, das in physischen Zusammenhängen zu »Abdruckformen in Materiebedingungen« kommt. In einem Gespräch mit Volker Harlan erklärte Beuys rückblickend auf seine Arbeit, er habe das »Gesamtsubstantielle im Sinn eines Gesamtchemismus [...] an die Malerei oder an die Bildhauerei oder an die Zeichnung«[173] heranzubringen versucht. Er habe versucht, »über die Substanzen eine Aussage zu machen [...] die schichtweise sich hinausbegeben in eine übersinnliche, nicht mehr im Physischen vorhandene Substanz.«[174]

Umgekehrt wiederum ist die Naturentstehung ein plastischer Prozeß, der aus dem Übersinnlichen Bereich in die sinnlichen Bereiche wirkt und dem als Grundstruktur immer wieder das plastische Prinzip zugrundeliegt. Etwa, wenn ein gasförmiger Stoff sich verdichtet und zunächst verflüssigt und zuletzt in einer Bewegung verharrt und erstarrt. Dieses Prinzip läßt sich bei der Bildung des Knochenbaus verfolgen, bei plastischen Prozessen in der Gesteinsbildung, beim Bau der Pflanzen und so fort.

Das zeigt, daß sich Beuys die Gestaltungsvorgänge in der Natur nicht etwa naiv realistisch vorstellt, so wie beispielsweise Platon, dessen Demiurg in einer Art von handwerklichem Akt die Urmaterie ergreift und daraus

173 Ebd. S. 27.
174 Ebd. S. 21.

die Welt erbaut, sondern viel eher im Sinne Aristoteles', der den Geist, die idea als ein tätig in den Stoffen wirkendes und sie stufenweise höherentwickelndes Prinzip ansieht. Die Evolution ist ein künstlerisches Experiment, das auf einer ganz bestimmten Stufe seiner Entwicklung höchste Vollkommenheit erreicht.

Evolution

In einem Diagramm aus dem Jahre 1974, das Beuys zuerst im Jahre 1974 anläßlich eines Vortrages in der Hibernia-Schule in Wanne-Eickel entwickelte und das seit dieser Zeit in verschiedenen Variationen – so zumeist als Wandtafelzeichnung[175] – wiederkehrt, wird diese Evolution noch weiter gefaßt.

Man sieht auf der linken Seite einen Kreis, über den sich eine Placenta wölbt und der durch die Buchstaben M y t h für Mythos gekennzeichnet ist. Beuys kennzeichnet hier eine Kulturstufe, die man als »mythologische Kulturstufe« bezeichnen kann. Sie ist dadurch bestimmt, daß das menschliche Denken und die Kulturentwicklung ganz allgemein noch durch religiöse Eingebungen und Offenbarungen gelenkt wird und man daher noch

175 Wie Volker Harlan mir berichtete, gibt es Wandtafeln, die die Evolution der Geistesgeschichte darstellen, seit der documenta 5 (1972). Die im folgenden besprochene Tafel aus dem Jahre 1974 steht in einer Reihe solcher Tafeln. Auf Bitten von Volker Harlan hin, zeichnete Beuys ihm das, was er sonst während der Vorträge auf Tafeln zeichnete, auf ein DIN A3 großes Papier [siehe Abb. Seite 195]. Tafeln, die die Evolution der Geistesgeschichte wiedergegeben, gibt es bis in die 80er Jahre. Auch Zeichnungen auf Papier.

nicht von einer unabhängigen geistigen Kultur sprechen kann. Sie wird durch eine in der Zeichnung fein angedeutete geistige Nabelschnur mit Inspirationen aus der »geistigen Welt« – hier angedeutet durch eine »cosmische Placenta«, die Beuys über den Kreis legt – versorgt. »Es durfte nur etwas geformt werden aus der höchsten Autorität, die vorgegeben hat, einer Offenbarung zu gehorchen [...] und alles, was kulturell auf der Erde geschieht, gilt als Ausfluss der Angaben dieser spirituellen Wesen«, so Beuys in einem Interview mit Dieter Koepplin aus dem Jahre 1976[176].

Von diesem linken Kreis gehen zwei Geraden aus, die sich in einem Mittelpunkt schneiden und auf der Rechten wiederum in einen Kreis münden, der hier allerdings nicht mehr von einer Placenta, sondern von einer Sonnencorona umgeben wird. Wir haben also drei Hauptstufen. Links vergangene Kulturen, im Mittelpunkt die Gegenwart und rechts die Zukunft, die durch die Begriffe »Jupiter«, »Sonnenstaat« und »Wärmefähre« näher charakterisiert wird. Die Mitte des Schemas, den Schnittpunkt der beiden Geraden, also die Gegenwart, beschreibt Beuys wie folgt: »Hier an diesem Punkt ist der Mensch überhaupt erst inkarniert. Da landet er erst auf der Erde mit seinen Füßen, da steht er ganz hart auf der Erde. Also kann man sagen: Im Materialismus ist der Mensch erst Erdenmensch geworden. Vorher schwebt er noch so ein bißchen drüber. Er kommt langsam runter, und dann steht er knallhart in der Materie drin, und

176 Veröffentlicht in: Joseph Beuys/Caroline Tisdall/Dieter Koepplin, Joseph Beuys: The secret block for a secret person in Ireland. Kunstmuseum Basel, 16. April–26. Juni 1977, Basel 1977, S. 22.

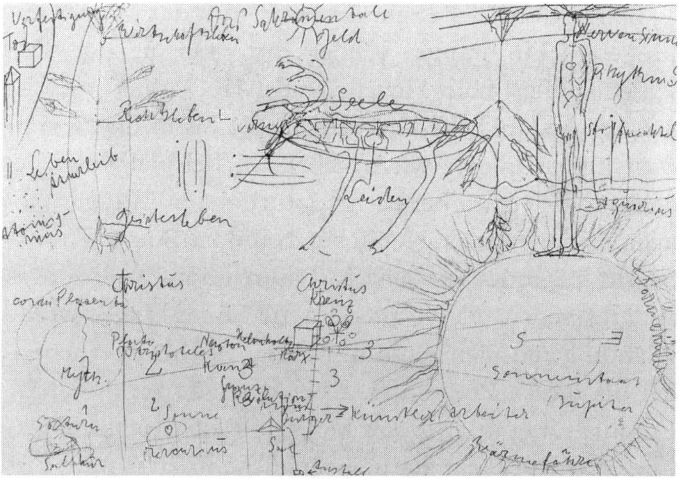

dann muß er aus dieser Materiegesetzmäßigkeit heraus.«[177] Das heißt, der Mensch hat sich hier von dem ursprünglichen geistigen Diktat befreit, hat dabei aber auch – und daraus entwickelt sich die innere Dialektik des Prozesses – seine Daseinssicherheit verloren. Er ist, wie es in der Partitur zu *und in uns ... unter uns ... landunter* heißt, zur »Antinatur« geworden. »Es wird ihm nicht mehr geholfen wie früher von spirituellen Mächten oder von Hohepriestern oder von Eingeweihten oder von Druiden, sondern er muß das selbst machen. Jetzt schreitet der Mensch selbst, und alles, was in der Zukunft gemacht wird und dann auch im Sinne der Erweiterung gemacht wird über einen solchen Wissenschaftsbegriff hinaus, muß aus der eigenen Tüchtigkeit stammen«[178].

177 Beuys in einem Interview mit Rainer Rappmann. Veröffentlicht in: Harlan/Rappmann/Schata, a.a.O., S. 17.
178 Ebd.

Joseph Beuys ›Evolution‹, 1974

Beuys greift hier einen Archetyp auf, der in der Geistesgeschichte immer wiederkehrt. Ob in der Geschichtsphilosophie Novalis' oder Hölderlins – es ist dieselbe gedankliche Grundfigur, die bis in die Gegenwart hinein immer wiederkehrt. So beispielsweise bei dem jüngst verstorbenen Literaturnobelpreisträger Octavio Paz, der in erstaunlicher Nähe zu Beuys' Kunstbegriff folgendes formuliert: »Lautréamont wollte etwas anderes sagen, als er prophezeite, eines Tages werde Dichtung von allen gemacht werden. Nichts ist erhebender als dieses Programm. Aber wie jede revolutionäre Prophezeiung setzt dieses künftige Reich totaler Dichtung eine Rückkehr zur ursprünglichen Zeit voraus. Das heißt zu der Zeit, da Sprechen Erschaffen bedeutete. [...] Der revolutionäre Versuch stellt sich dar als Wiedergewinnung des entfremdeten Bewußtseins und zugleich als Eroberung – durch eben dieses zurückgewonnene Bewußtsein – der geschichtlichen Welt und der Natur. Herr über die geschichtlichen und gesellschaftlichen Gesetze, würde das Bewußtsein die Existenz determinieren. Der Mensch hätte dann seinen zweiten Salto mortale gemacht. Dank dem ersten verließ er die natürliche Welt, hörte auf, Tier zu sein, und richtete sich auf: er betrachtete die Natur und betrachtete sich selbst. Wenn er den zweiten machte, würde er zur ursprünglichen Einheit zurückkehren, doch ohne das Bewußtsein einzubüßen; dieses würde er zur eigentlichen Grundlage der Natur machen. Obgleich dies nicht der einzige Versuch des Menschen ist, die verlorene Einheit von Bewußtsein und Existenz wiederzuerlangen (Magie, Mystik, Religion und Philosophie haben andere Wege geboten und bieten sie noch heute), hat er den Vorzug, daß es sich um einen Weg handelt, der allen Menschen offensteht, und daß er für das Ziel oder den Sinn der Geschichte erachtet wird.«[179]

Beuys kennzeichnet die Perspektive weniger als eine Perspektive der Sprache – obwohl diese ohne Zweifel in seiner Idee der Sozialen Skulptur eine integrale Rolle spielt –, sondern als eine Perspektive gemeinsamer Gestaltung an der Sozialen Skulptur. Das Bild, das er dabei entwirft ist von visionärer Natur. Man sieht das Bild einer Erde, die sich zur Sonne gewandelt hat. Thomas Campanellas Utopie des Sonnenstaates, ein neuer, zur Sonne gewandelter Planet Erde, den Beuys in Anlehnung an Rudolf Steiner auch als den »Jupiter« beschreibt: »Wärme und Kälte spielen ja in meinem plastischen Begriff eine große Rolle. Damit wird jeder Mensch fähig, an einer lebendigen Substanz zu formen, also wirklich etwas Lebendiges zu schaffen. Das geht bis in die Konsequenz, daß er sich seinen ganzen Planeten, den er für seine zukünftige Entwicklung braucht, selber schafft. Das wäre der Jupiteraspekt. Wenn man die evolutionäre Entwicklung der planetarischen Zustände in Betracht zieht, ist es selbstverständlich, daß der Mensch nicht ewig auf der Erde lebt. Aber nach der Epoche des Materialismus wird der Mensch allmählich fähig, weil er die individuellen Fähigkeiten ja jetzt hat, aus eigenen Kräften – und er muß es sogar – sich seinen zukünftigen Planeten zu schaffen.«[180]

179 Octavio Paz, Der Bogen und die Leier. Poetologischer Essay. Aus dem Spanischen von Rudolf Wittkopf, Frankfurt/M. 1983, S. 40 f.

180 Harlan/Rappmann/Schata, a.a.O., S. 20.

Wärme und Kälte sind es auch, die in dem zuvor betrachteten Schema aus dem »Energieplan« von 1965 (vergl. S. 183) erscheinen. Dessen Horizontale ist durch die drei Begriffe »Wärme«, »irdisches Leben«, »Kälte« gekennzeichnet. Das irdische Leben ist ein Raum, der zwei Prinzipien miteinander verbindet. Einmal reicht es in die Welt des Stoffes hinab, hier repräsentiert auf der Vertikalen durch die Begriffe »Raum«, »Zeit«, »Tod«, zum anderen verweist es auf ein seelisches und geistiges Prinzip, wofür die Begriffe »Gegenraum«, »Überzeit«, »Leben nach dem Tod« stehen. Auf die plastische Theorie bezogen findet man hier die physisch-stofflichen Erscheinungsformen des Lebens, das zwischen Formbildungs-, Formverwandlungs- und Formzerstörungsprozessen hin- und herzirkuliert, zugleich aber auch die überräumlichen und überzeitlichen Prinzipien des Chaos, der Bewegung und der Form. Man könnte das Schema der Wärmetheorie daher auch als ein zirkulierendes System beschreiben, in dem permanent gegenräumliche und überzeitliche seelische und geistige Formimpulse und Formprinzipien – Chaos-Bewegung-Form/Wollen-Fühlen-Denken – in die stoffliche Welt des Raumes und der Zeit einfließen und es gestalten, diese dann aber auch, durch den Tod hindurchgegangen, wieder zurückfließen in den Raum, in dem sie als reine Gestaltungsformen aufgehoben sind.

Spiegelt man dieses Schema an der Mittelachse, also längs der Achse, die durch die Begriffe PAN – XXX – ttt und Kälte – Raum – Zeit – Tod gebildet ist, dann hat man ein Schema, das sich folgendermaßen darstellen läßt:

Leben nach dem Tod — PAN — Leben nach dem Tod
Überzeit — XXX — Überzeit
Gegenraum — ttt — Gegenraum
↑ ↑
Wärme ← irdisches Leben → Kälte ← irdisches Leben → Wärme
↓
Raum
Zeit
Tod

Die horizontale Achse bildet eine Linie, die im irdischen Leben Wärme und Kälte verbindet, und die Vertikale eine Linie, an der die Stoffe sich trennen, die einmal hinab in die verfestigte, erstarrte, zur Sprödigkeit und zum Tode neigende Materie und das Prinzip des Materialismus verweist und zum anderen eine Richtung, die für die geistigen Prinzipien steht und auf die auf der Mittelachse erscheinenden, noch nicht enträtselten Kürzel PAN – XXX – ttt verweist.

Man erkennt, daß sich nun diese gespiegelte Figur der Wärmetheorie von ihrer Grundstruktur her mit dem zuvor betrachteten Evolutionsschema deckt:

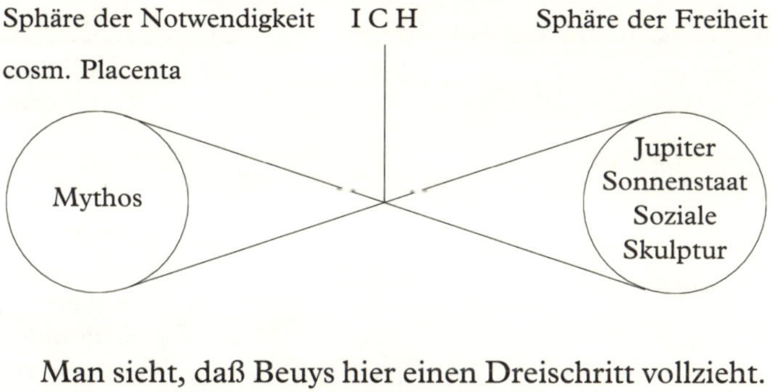

Man sieht, daß Beuys hier einen Dreischritt vollzieht. Die linke Seite ist gekennzeichnet durch einen Zustand der Abhängigkeit, in dem der Mensch noch ganz und gar Geschöpf des Absoluten und durch dessen Impulse angeregt und geleitet ist. In der Mitte hat er sich von der Abhängigkeit von diesen Kräften befreit. Er erkennt sich als ein freies und unabhängiges Wesen, das selbst geschichtsmächtig ist und die Welt nach eigenen Vorstellungen einrichten kann. Die rechte Seite des Schemas zeigt den Menschen als ein Wesen, das eine Welt aus künstlerischen Impulsen geschaffen hat.

Den linken Teil des Evolutionsschemas kann man nun, grob schematisch, als eine Sphäre der Abhängigkeit, der Unfreiheit, kurz der Determiniertheit oder Notwendigkeit bezeichnen, die rechte Seite als eine Sphäre, in der die schöpferische Freiheit bereits hoch entwickelt ist. In der Mitte steht das menschliche Ich, das sich gerade von alten Abhängigkeiten zu emanzipieren und mit der Freiheit zu experimentieren beginnt.

Verbindet man nun die Formel der Beuysschen Wärmetheorie aus dem Jahre 1965 mit dem formalisierten Evolutionsdiagramm, so hat man einen umfassenden Blick auf Beuys' Anthropologie:

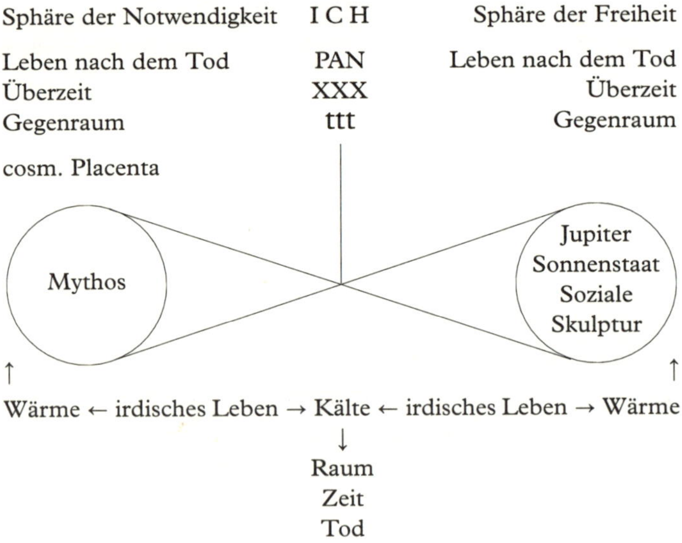

Das entwicklungsgeschichtliche und das anthropologische Schema erklären und ergänzen sich wechselseitig. Wärme hat die irdische Evolution bedingt und sie vorangebracht. In einen Wärmezustand, den »Sonnenstaat« wird sie wieder überführt. Doch jetzt hat der ursprünglich abhängige Mensch seine Ich-Kräfte entwickelt. Was nun geschaffen wird, entspringt seiner eigenen Kraft. Hier erschließen sich schließlich auch die ungeklärten Kürzel PAN, XXX, ttt, denn sie sind gleichsam die Parameter für das menschliche Ich als dem in sich selbst ungeteilten, aber alle Spaltungen und Teilungen hervorbringenden Prinzip. Der Mensch ist PAN, das heißt, er ist Alles, Ursprung und Ziel der Evolution. Zugleich ist er ein freies Wesen, das heißt, sein Handeln wird durch keine äußere Instanz, sondern nur durch ihn selbst bestimmt. Er ist in hohem Grade unbestimmt, das heißt, er wählt seine Ziele und Bestimmungen selbst, worauf das dreifache X zu verweisen scheint. Er schließt alle vergangenen Zeiträume ebenso wie die kommenden als Möglichkeit in sich ein. Er ist der Erfinder der Zeit.[181]

181 Dies ist natürlich nur eine mögliche Interpretation. Beuys selbst bezeichnet PAN / XXX / ttt als einen Notruf Code: »Beuys hat Mario Kramer gegenüber von der Notrufbedeutung gesprochen (in: Kramer 1991, S. 33): ›Das ist immer noch ein internationaler Notruf für Schiffahrt und Luftfahrt [...] das heißt, im Kode hört man das: da da dada dadada [...] Das muß man vom Morsezeichen her, vom akustischen Sinn her verstehen [...] Das kommt vom Krieg her, weil ich das selber dauernd gebrauchen mußte, immer, wenn etwas passiert war.‹« Schneede, a.a.O., S. 92. (Der Code Pan, Pan, Pan signalisiert, daß sich die Besatzung eines Flugzeuges in Schwierigkeiten befindet.)

h=Mensch, oder wie man nun vielleicht auch sagen könnte, das menschliche Ich ist damit gleichsam der Dreh- und Angelpunkt des Beuysschen Denkens. Diese Ich-Wesenheit, von der es in den Schriften Rudolf Steiners heißt, daß sie sich in der menschlichen Evolution als letzte der menschlichen Fähigkeiten herausgebildet hat, entwickelt die Fähigkeit, das zunächst maßgeblich von unbewußten Impulsen gesteuerte physische, seelische und geistige Leben zu durchdringen. Das Bewußtsein steigt nun Stück für Stück in die verschiedenen Schichten seiner Persönlichkeit hinab und erlebt hier wie diese gesteigerte Selbstwahrnehmung zu einer »Wärmeentwicklung im Denken« führt, die auf ein ganz anderes Seinsverhältnis deutet, als dies in einem früheren Zustand menschlicher Evolution möglich war. »Da, wo sie zum Beispiel sagen«, so Beuys in einer längeren Passage des bereits zitierten *Werkstattgespräches mit Joseph Beuys*, »sie haben die Füße auf dem Boden stehen, da fängt es ja an. Sie können, wenn sie bewußt gehen, und nicht einfach so gewohnheitsmäßig, sich mal beim Gehen konzentrieren darauf, wie sie auf dem Boden stehen und gehen, und wenn sie's dann wahrnehmen und bewußt vollziehen, die Wärme schon erleben. Da ist zum Beispiel eine Möglichkeit, sie zu erleben, die Wärme, die aufsteigt durch den Akt des Willens, der den Menschen aufrichtet und fähig macht, so aufrecht auf der Erde herumzugehen. Wenn ich das aus dem Gewohnheitsmäßigen herausnehme und, sagen wir mal ganz bewußt jetzt durcherlebe bis in den Knochenbau hinein, bis dahin, wie das wirkt auf den Kopf, bis dahin wie das wirkt in die Fingerspitzen hinein, bis dahin, wie das wirkt in das konzentrierte, sagen wir mal Wahrnehmen und Denken, dann ist eine Übung gemacht worden, in der man diesen Wärmecharakter erlebt. Man erlebt sich auf einmal als von dieser Wärme berührt.[182]

Vielleicht wird aus all dem schon klar, wie sich nach Beuys die auf der rechten Seite des Evolutionsschemas angedeutete Perspektive entwickeln kann. Der Mensch, heute noch maßgeblich durch seine unbewußte Natur gelenkt und geleitet, wird sich selbst mehr und mehr zum Rätsel und dringt mit den gerade entwickelten Bewußtseinskräften Stück für Stück tiefer in die eigene Wesenheit und die Wesenheit der Welt ein. Diese gesteigerte Selbst- und Weltbewußtheit aber weckt in ihm zugleich auch den Wunsch, das so Wahrgenommene immer mehr nach künstlerischen Kriterien zu gestalten, was nichts anderes heißt, als daß die Gestaltungsfähigkeit äußerster Bewußtheit, Klarheit und Präzision im Denken bedarf.

In der Zeichnung *Aufarbeitung des Unbewußten zu Bewußtem* aus dem Jahre 1974 wird dies meiner Meinung nach deutlich thematisiert. Man sieht im oberen Bereich der Zeichnung ein kleines Schema, das zwei mit der Spitze aufeinanderstehende Dreiecke darstellt. Man sieht, durch Pfeile angedeutet, die im Titel der Zeichnung beschriebene Bewegung vom Unbewußten zu Bewußtem, das heißt, vom unteren Dreieck in den oberen Dreiecksbereich. Darunter eine stark schematisierte Figur – vielleicht zwei »Eurasienstäbe« andeutend – die sich in der darüberliegenden Sequenz zu erheben scheint und menschliche Züge annimmt. Vielleicht ist es die

182 A.a.O., S. 25.

Andeutung einer Bewegung, die sich vom Schlafen zum Erwachen vollzieht. Auf jeden Fall richtet sich hier etwas auf, wird wach, wird sich langsam seiner selbst bewußt.

Man kann beobachten, wie das Bewußtsein, das sich noch in einem traumhaften, fast instinktiven Dämmerzustand befindet, das Unbewußte allmählich durchdringt und klärt und die unbewußten Kräfte über die Schwelle des Bewußtseins hebt. Noch wirkt das obere Dreieck im Verhältnis zum unteren fragil und zerbrechlich. Das Unbewußte bildet ein massives, unzerstörbares Fundament. Aber es wird allmählich vom selbstbewußten Ich durchdrungen, so daß man mehr und mehr von einer bewußten Lenkung und Leitung der ansonsten undurchschauten Triebnatur sprechen kann. Beuys deutet dies humorvoll an, wenn er sagt, er denke »sowieso nur mit dem Knie« oder wenn es heißt: »Ich bin langsam zu Bewußtsein gekommen. Ich kann nicht eindeutig sagen, ich bin hier oder dort. Man könnte aber sagen, daß ich bis zum Knie gekommen bin.«[183]

So wie sich hier in dieser kleinen Zeichnung das Ich nach Innen wendet und in die seelischen Untergründe seiner Existenz bewegt, so ist es in gleichem Maße aber auch fähig, die Erscheinungen der Außenwelt zu verstehen. Es ist dazu in der Lage, weil der Mensch der transzendentale Schöpfer der Erscheinungen ist. Die Außenwelt ist für Beuys der gleichsam in die Welt des Raumes und der Zeit projizierte Teil des transzendentalen

183 Joseph Beuys im Gespräch mit Achile Bonito Oliva (1973). Zitiert nach: Beuys zu Ehren, München 1986, Städtische Galerie im Lehnbachhaus (Ausstellungskatalog 16. Juli – 2. November 1986), S. 75.

Joseph Beuys
»Aufarbeitung des Unbewußten zu Bewußtem«, 1974

menschlichen Ich. »Ich habe vielleicht«, so Beuys in einem Interview mit dem ORF aus dem Jahre 1983, »sehr viele geheimnisvolle, märchenhaft erscheinende Erzählungen gebracht – auch in diesen vielen Zeichnungen, die ich gemacht habe. Sie sind ja auch nicht, sagen wir, vordergründig verständlich vom rein intellektuellen Beschreiben. Dort treten auch viele Tiere schon auf. Es treten aber auch Engel auf [...]. Es treten also auch Reiche – sozusagen – auf, von denen der Mensch meint, sie gehören in ein hohes Prinzip von ihm, vielleicht in ein Prinzip über ihm [...], so, wie er sich eigentlich daran gewöhnt hat, von den Tieren zu vermuten, daß sie einem Reich angehören, das unterhalb des Menschen steht. Man könnte das ja verlängern in die Pflanzenwelt und in die geologische Unterlage dieses Planeten, auf dem die Menschen stehen. Alles dieses habe ich den Menschen zugehörig erklärt, von Anfang an. Und wenn ich also da, nicht wahr, auf dieser Linie vorbereite, muß ich doch die Erklärung für das, was ich tue, dem Menschen geben, den ich so groß verstehe. Ich muß also den Menschen dadurch, daß ich mit einem Tier in einen Dialog komme, doch sagen, daß man das kann – mit einem Tier in einen Dialog zu kommen, daß man das kann; daß man das auch mit Pflanzen kann, daß man das mit Böden und mit all diesen Verhältnissen kann [...] Der Mensch kann aber auch mit Wesen sprechen, die höher sind als sein kurzfristiger, rein intellektueller Verstand. Er kann mit seinem Ich in Kontakt kommen, er kann mit einem Engel sprechen, er kann vielleicht auch mit einem Erzengel sprechen. Und damit ist ja das Bild des Menschen bis zu dem Gottesbegriff groß. Und ich möchte es nicht so klein halten, wie es der Materialismus hat schrumpfen lassen [...] Ich will eigentlich sagen, daß von diesem

Datum an alle zukünftige Menschheit – und in dieser Menschheit ist eingeschlossen: der Hase, das Tier, die Pflanzen, die Erde, die Planeten, das, was oberhalb, in kosmischen Bereichen, im übersinnlichen Bereich existiert und zu seinem Wesen gehört und was der Mensch selbst als Wesen vertritt – daß das die eigentliche Sache ist. Das will ich damit sagen; und mit diesem ganzen Inhalt, der letztendlich nichts anderes bedeutet als ›der Mensch‹ – damit wird er eigentlich überhaupt erst ›Mensch‹, denn dann ist er wieder groß, und dann kann er sich große Aufgaben vornehmen und kommt von diesem wahnsinnigen Schrumpfungsprozeß [...] in ein anderes Verhältnis zur Welt.«[184]

Aus diesen Zeilen spricht sicherlich ein zutiefst romantisches Verhältnis zur Welt. Aber es ist zugleich, und dies unterscheidet Beuys in gewisser Weise von den Romantikern, durch und durch anthropozentrisch geprägt. Der Mensch steht am Anfang der kosmischen Evolution und er ist ihr Ziel. Er ist ein »überräumliches und überzeitliches Wesen«, das sich zum Zwecke seiner Entwicklung eine Zeitlang in die Sphäre des Raumes und der Zeit begeben hat. Er ist »gar kein Erdenwesen«, wie Beuys es einmal in einem Gespräch mit Robert Filliou formuliert. »Er ist für diese irdischen Verhältnisse partout gar nicht gemacht. Er ist nur zu einem Teil auf dieser Erde, um etwas ganz bestimmtes zu erarbeiten, was dann in einer weiteren Evolution darüber hinausgreift. Er wird eines Tages vielleicht auf einem anderen Planeten leben.

184 Beuys in einem Gespräch im »Club 2«, ORF Wien, am 27. Januar 1983. Veröffentlicht in: Theo Altenberg/Oswald Oberhuber (Hrsg.), Gespräche mit Beuys. Joseph Beuys in Wien und am Friedrichshof, Klagenfurt 1988, S. 135 f.

Unter anderen Verhältnissen, nicht mehr mit dieser Art Körper.«[185]

Man sieht, die Perspektive ist von Beuys sehr weit gespannt. Man würde sie jedoch mißverstehen, wenn man sie nur als »individuelle Mythologie« begreift. Sicherlich könnte bei der Betrachtung dieses isolierten Ideenkontextes leicht der Eindruck entstehen, daß Beuys ein Utopist war und der Schwerkraft und Eigendynamik der menschlichen Entwicklung nicht Rechnung trug. Dieses Bild stellt sich vor allem ein, wenn man die praktisch-politische Seite seines Handelns, die in diesem letzten Kapitel des Bandes nicht betrachtet wurde, unberücksichtigt läßt. Beuys war sicherlich kein Utopist. Im Gegenteil. Seine politischen Vorstellungen, man mag sie bewerten wie man will, zeigen, in welchem Maße er sich der Kräfteverhältnisse bewußt war, die dieser Utopie im Wege stehen. Das hielt ihn jedoch nicht davon ab, mit langem Atem für ein Menschenbild einzutreten, von dem er glaubte, daß es die einzig würdige Beschreibung des Menschen sei. Zwölf Jahre nach seinem Tod ist es meiner Meinung nach so aktuell wie je zuvor. So soll dieses Buch nun auch mit einem Fazit schließen, das durchaus auch als Ermunterung an den Leser angesehen werden kann: »Das Wichtigste liegt doch in dem verborgen, was man nicht versteht. Und ich könnte doch auch jeder Zeit einfach sagen: Eigentlich sollte ich gleich hier aufhören. Denn von dem Ungeheueren, was wir Menschen eigentlich verstehen müßten, verstehe ich gar nichts und ihr auch nichts! Dennoch: Ein bißchen verstehe ich, und eines Tages können wir doch alles

185 Robert Filliou: Lehren und lernen als Aufführungskünste. Köln 1970, S. 160 f.

verstehen. Deswegen fangen wir jetzt damit an. Aber du kannst auf jeden Fall immer damit anfangen zu sagen, daß von dem Ungeheuren, was Menschen in der Zukunft verstehen werden, wir erst ein bißchen verstehen.«[186]

186 Knut Fischer/Walter Smerling (Hrsg.), Joseph Beuys im Gespräch, Köln 1989, S. 20.

Anhang

Literatur

Adriani, Götz/Konnertz, Winfried/Thomas, Karin: Joseph Beuys. Leben und Werk, Köln 1986³.

Altenberg, Theo/Oberhuber, Oswald (Hg.): Gespräche mit Beuys. Joseph Beuys in Wien und am Friedrichshof, Klagenfurt 1988.

Beierwaltes, Werner: Denken des Einen. Studien zur neuplatonischen Philosophie und ihrer Wirkungsgeschichte, Frankfurt/M. 1985

–: Einleitung zu: Friedrich W. J. Schelling: Texte zur Philosophie der Kunst. In: Friedrich W. J. Schelling, Texte zur Philosophie der Kunst, Stuttgart 1982, S. 3-49.

Brentano, Franz: Aristoteles und seine Weltanschauung, Frankfurt/M. 1967².

Buber, Martin: Gog und Magog. Eine Chronik, Gerlingen 1993⁴.

Buck, August: Giovanni Pico della Mirandola und seine »Rede über die Würde des Menschen«. In: Giovanni Pico della Mirandola: De hominis dignitate. Über die Würde des Menschen, Hamburg 1990.

Dante Alighieri: Die göttliche Komödie. Mit fünfzig Holzschnitten von Botticelli. Deutsch von Friedrich Freiherrn von Falkenhausen. 2 Bände, Frankfurt/M 1974.

Deuse, Werner: Untersuchungen zur mittelplatonischen und neuplatonischen Seelenlehre, Wiesbaden 1983.

Dionysius Areopagita: Pseudo-Dionysius Areopagita. Über die himmlische Hierarchie. Über die kirchliche Hierarchie. Bibliothek der Griechischen Literatur Band 22. Eingeleitet, übersetzt und mit Anmerkungen versehen von Günter Heil, Stuttgart 1986.

Eckhardt, Hans-Wilhelm: »Wünsche und Begehrungen sind Flügel«. Die Genesis der Utopie bei Novalis, Frankfurt/M. Bern · New York · Paris 1987.

Gerl, Hanna-Barbara: Einführung in die Philosophie der Renaissance, Darmstadt 1989.

Goethe, Johann Wolfgang: Sämtliche Werke. Briefe, Tagebücher und Gespräche, Deutscher Klassiker Verlag, Frankfurt/M. 1987.
Harlan, Volker: Was ist Kunst? Werkstattgespräch mit Beuys. Stuttgart 1986.
Hirschberger, Johannes: Geschichte der Philosophie, 2 Bände, Freiburg 1976.
Hölderlin, Friedrich: Sämtliche Werke und Briefe. Herausgegeben von Jochen Schmidt. Deutscher Klassiker Verlag, Frankfurt/M. 1992.
Joseph Beuys Symposium Kranenburg 1995. Herausgegeben vom Förderverein »Museum Schloß Moyland e. V.«, Basel 1996.
Beuys, Joseph/Koepplin, Dieter/Tisdall, Caroline: Joseph Beuys: The secret block for a secret person in Ireland. Ausstellungskatalog zur gleichnamigen Ausstellung im Kunstmuseum Basel vom 16. April bis 26. Juni 1977, Basel 1977.
Joyce, James: Ulysses. Übertragung von Hans Wollschläger, Frankfurt/M. 1975.
Klee, Paul: Kunst-Lehre. Aufsätze, Vorträge, Rezensionen und Beiträge zur bildnerischen Formlehre. Ausgewählt und hrsg. von Günther Regel, Leipzig 1995[3].
Kleßmann, Eckart: Die deutsche Romantik, Köln 1996[6].
Krämer, H. J.: Der Ursprung der Geistmetaphysik. Untersuchungen zur Geschichte des Platonismus zwischen Platon und Plotin, Amsterdam 1964.
Kranz, Walther: Die griechische Philosophie. Zugleich eine Einführung in die Philosophie überhaupt. Lizenzausgabe der im Verlag Carl Ed. Schünemann KG, Bremen herausgegebenen Originalausgabe, Basel o. J.
Kristeller, Paul Oskar: Acht Philosophen der italienischen Renaissance. Petrarca, Valla, Ficino, Pico, Pomponazzi, Telesio, Patrizi, Bruno. Übersetzt von Elisabeth Blum, Weinheim 1986
Kultermann, Udo: Kleine Geschichte der Kunsttheorie. Darmstadt 1987.
Lorca, Federico Garcia: Gedichte. Ausgewählt und übertragen von Enrique Beck, Frankfurt/M. 1969.
Mahoney, Dennis F.: Die Poetisierung der Natur bei Novalis. Beweggründe, Gestaltung, Folgen, Bonn 1980.

Marquard, Odo: Transzendentaler Idealismus, Romantische Naturphilosophie, Psychoanalyse. Schriftenreihe zur Philosophischen Praxis, Band 3, Köln 1987.

Mayer-Tasch, Peter Cornelius (Hrsg.): Natur denken. Eine Genealogie der ökologischen Idee. Texte und Kommentare. Hrsg. von Peter Cornelius Mayer-Tasch in Verbindung mit Armin Adam und Hans-Martin Schönherr. Band 1: Von der Antike bis zur Renaissance. Band 2: Vom Beginn der Neuzeit bis zur Gegenwart, Frankfurt/M. 1991.

Meister Eckehart: Vom Wunder der Seele. Eine Auswahl aus den Traktaten und Predigten, Stuttgart 1979.

Novalis: Werke, Tagebücher und Briefe Friedrich von Hardenbergs, 3 Bände, hrsg. von Hans-Joachim Mähl und Richard Samuel, Darmstadt 1978

Ott, Ludwig: Grundriß der katholischen Dogmatik. Freiburg · Basel · Wien 1965[7].

Otto, Walter F.: Die Götter Griechenlands. Das Bild des Göttlichen im Spiegel des Geistes, Frankfurt/M. 1987[8].

Paz, Octavio: Der Bogen und die Leier. Poetologischer Essay. Aus dem Spanischen von Rudolf Wittkopf, Frankfurt/M. 1983.

Pico della Mirandola, Giovanni: De hominis dignitate. Über die Würde des Menschen. Lateinisch-Deutsch. Übersetzt von Norbert Baumgarten. Hrsg. und eingel. von August Buck, Hamburg 1990.

–: Über die Würde des Menschen. Aus dem Neulateinischen übertragen von Herbert Werner Rüssel. Mit der Lebensbeschreibung Picos von Thomas Morus (1510), Zürich 1989[2].

Platon: Sämtliche Werke. Übersetzt von Friedrich Schleiermacher. Auf der Grundlage der Bearbeitung von Walter F. Otto, Ernesto Grassi und Gert Plamböck. Neu hrsg. von Ursula Wolf, Reinbek 1994.

Plotin: Ausgewählte Schriften. In der Übersetzung von Richard Harder, teilweise überarbeitet von Willy Theiler und Rudolf Beutler, hrsg. von Walter Marg, Stuttgart 1973.

Rappmann, Rainer/Harlan, Volker/Schata, Peter (Hrsg.): Soziale Plastik. Materialien zu Joseph Beuys, Achberg 1984[3].

Reinhardt, Heinrich: Freiheit zu Gott. Der Grundgedanke des Systematikers Giovanni Pico della Mirandola (1463-1494), Weinheim 1989.

Rilke, Rainer Maria: Die Gedichte, Frankfurt/M. 1986.

Roder, Florian: Menschwerdung des Menschen. Der magische Idealismus im Werk des Novalis, Stuttgart 1997.
Rudolph, Kurt: Die Gnosis. Wesen und Geschichte einer spätantiken Religion, Göttingen 1990³.
Safranski, Rüdiger: Schopenhauer und die wilden Jahre der Philosophie. München, Wien 1987
Schelling, Friedrich Wilhelm J.: Über das Verhältnis der bildenden Künste zu der Natur. Eingeleitet und hrsg. von Lucia Sziborsky, Hamburg 1983.
–: Texte zur Philosophie der Kunst. Ausgewählt und eingeleitet von Werner Beierwaltes, Stuttgart 1982.
Schiller, Friedrich: Über die ästhetische Erziehung des Menschen in einer Reihe von Briefen, Stuttgart 1965.
Schmaus, Michael: Von den letzten Dingen, Regensburg · Münster 1948.
Schneede, Uwe M.: Joseph Beuys – Die Aktionen, Ostfildern-Ruit 1994.
Schöffler, Heinz Herbert (Hrsg): Der Kampf um das Menschenbild. Das achte ökumenische Konzil von 869 und seine Folgen, Dornach 1986.
Schulz, Gerhard: Novalis. Mit Selbstzeugnissen und Bilddokumenten dargestellt von Gerhard Schulz, Reinbek 1996¹³.
Seminar für Klassische Archäologie der Freien Universität Berlin; Winckelmann Gesellschaft Stendahl (Hrsg.): ». . . die Augen ein wenig zu öffnen«. Eine Anthologie mit Bildern aus Johann Joachim Winckelmanns Geschichte der Kunst des Altertums, Mainz 1993.
Silesius, Angelus: Der cherubinische Wandersmann, Stuttgart 1984.
Steiner, Rudolf: Die Philosophie der Freiheit. Grundzüge einer modernen Weltanschauung. Seelische Beobachtungsresultate nach naturwissenschaftlicher Methode, Frankfurt/M. 1985 (Ausgewählte Werke Band 1).
–: Mein Lebensgang. Eine nicht vollendete Autobiographie, mit einem Nachwort herausgegeben von Marie Steiner 1925, Dornach 1990⁴. (TB)
–: Grundlinien einer Erkenntnistheorie der Goetheschen Weltanschauung. Mit besonderer Rücksicht auf Schiller. Zugleich eine Zugabe zu »Goethes Naturwissenschaftliche Schriften« in: Kürschners »Deutsche National-Litteratur«, Dornach 1988³. (TB)

–: Kunst und Kunsterkenntnis. Grundlagen einer neuen Ästhetik. Ein Autorreferat 1888, vier Aufsätze 1890 und 1898 und acht Vorträge zwischen 1909 und 1921, Dornach 1991[3]. (TB)

–: Signaturen des Geistigen. Wandtafelzeichnungen und Texte aus Vorträgen 1920–1924, Dornach 1994.

–: Wenn die Erde Mond wird. Wandtafelzeichnungen zu Vorträgen 1919–1924. Mit ausgewählten Texten. Hrsg. von Walter Kugler. Mit einem Vorwort von Walter Dahn und Johannes Stüttgen, Köln 1992.

Sziborsky, Lucia: Schellings Akademierede von 1807. In: F. W. J. Schelling, Über das Verhältnis der bildenden Künste zu der Natur. Hamburg 1983.

Szondi, Peter: Poetik und Geschichtsphilosophie I. Antike und Moderne in der Ästhetik der Goethezeit – Hegels Lehre von der Dichtung. Studienausgabe der Vorlesungen Band 2. Hrsg. von Senta Metz und Hans Hagen Hildebrandt, Frankfurt/M. 1980[3].

Theiler, Willi: Forschungen zum Neuplatonismus (Quellen und Studien zur Geschichte der Philosophie, Band X), Berlin 1966.

Uhlig, Ludwig (Hrsg.): Griechenland als Ideal. Winckelmann und seine Rezeption in Deutschland, Tübingen 1988.

Varessis, Evangelia: Die Andersheit bei Plotin. Beiträge zur Altertumskunde Bd 78, Stuttgart · Leipzig 1996.

Walker, Benjamin: Gnosis. Vom Wissen göttlicher Geheimnisse, München 1992.

Wetz, Franz Josef: Friedrich W. J. Schelling zur Einführung, Hamburg 1996.

Winckelmann-Museum Stendahl (Hrsg.): Ausstellung zur Biographie Johann Joachim Winckelmanns. Mit Texten von Max Kunze und Stephanie Gerrit Bruer, Mainz 1996.

Zumdick, Wolfgang: Über das Denken bei Joseph Beuys und Rudolf Steiner, Basel 1995.

–: Wie nimmt man das Geistige eines Kunstwerks wahr? In: Hanel, Bernhard/Wagner, Robin (Hrsg.): Spannunsgfeld Kunst. Sinnhorizonte und Gestaltungsziele heute, Stuttgart 1997.

Register

Die Deutsche Bibliothek – CIP-Einheitsaufnahme
Zumdick, Wolfgang:
Das Geheimnis des Tauchbads : Zur Geschichte der abendländischen Metaphysik von Platon bis Beuys / Wolfgang Zumdick. – Stuttgart : Mayer, 1999
ISBN 3-932386-27-2

[redacted]

ISBN 3-932386-27-2

Umschlag und Typographie: Hans Peter Willberg, Eppstein unter Verwendung eines Aquarells von Brigitte Willberg
Gesamtherstellung: Druckerei Wagner GmbH, Nördlingen

Bildquellen: Seite 66, Archiv für Kunst und Geschichte, Berlin;
Seite 32, 59, 113, Bildarchiv Foto Marburg, Marburg;
Seite 144, 147, 162, 163, 166, 167, 169, Rudolf Steiner Nachlaßverwaltung, Dornach/Schweiz;
Seite 180, Staatsgalerie Stuttgart, Archiv Sohm, Foto: Hanns Sohm;
Seite 177, 181, Foto und Copyright Heinrich Riebesehl, Hannover;
Seite 184, Kunstmuseum Basel, Katalog der Ausstellung »Joseph Beuys – Werke aus der Sammlung Karl Ströher«, 1969, unter Mitwirkung von Eva Beuys;
Seite 195, Volker Harlan, Bochum;
Seite 205, Privatbesitz.

Florian Roder
Menschwerdung des Menschen
Der magische Idealismus
im Werk des Novalis
740 Seiten, Leinen

Florian Roder erschließt in seiner Werkmonographie die Stellung von Novalis' »Schema des Idealmenschen« im Gesamtwerk des Dichters und entwickelt – von ihm ausgehend – den Begriff des magischen Idealismus.
Er verfolgt zunächst die Erkenntnisschritte, die es Friedrich von Hardenberg ermöglichen, die empirisch-wissenschaftlichen Erfahrungen mit den magischen in Einklang zu bringen, obschon es sich um zwei unterschiedliche Wege des Erkennens handelt.
Novalis' Weltbild konkretisiert sich in dem Maße, wie er auf anthropologischen Gebieten – Genie, Moralität, enzyklopädische Gestaltung – vordringen kann.
Daß es sich dabei nicht wie bei Fichte oder Hegel um eine prinzipielle Systematisierung der Welt handelt, sondern um einen lebensnahen, im eigentlichen Sinne vital bestimmten Versuch, das gibt dem Werk des Novalis mehr denn je seine außergewöhnliche Anziehungskraft.
Eine Forschungsarbeit zum »Schema des Idealmenschen« von solch wissenschaftlicher Erkenntnisfülle hat bislang nicht vorgelegen.

»Dem Werk Friedrich von Hardenbergs ist mit dieser Arbeit ein großer Dienst erwiesen. Es wird ein weiterer wichtiger Schritt gemacht, das Werk dieses Menschen zu erschließen, der seiner Zeit weit voraus war.«

Das Goetheanum